INTRODUÇÃO À CIÊNCIA ESPÍRITA

AÉCIO PEREIRA CHAGAS

INTRODUÇÃO À CIÊNCIA ESPÍRITA

BIBLIOTECA DE CIÊNCIA E ESPIRITISMO

LACHÂTRE

Direitos de publicação cedidos pelo autor ao
Instituto Lachâtre
Caixa Postal 164 – CEP 12914-970
Bragança Paulista – SP
Telefone: 11 4063-5354
Site: www.lachatre.org.br
E-mail: editora@lachatre.org.br

CAPA
César França de Oliveira

REVISÃO
Cristina da Costa Pereira

PRODUÇÃO GRÁFICA
Fernando Luiz Fabris

2ª edição – 1000 exemplares – agosto de 2013

Impresso no Brasil
Presita em Brazilo

CIP-Brasil. Catalogação na fonte

C272i Chagas, Aécio Pereira, 1940-
Introdução à ciência espírita / Aécio Pereira Chagas – Bragança Paulista, SP : Instituto Lachâtre, 2013.
128p.;il. (Biblioteca de Ciência e Espiritismo)

1.Ciência espírita – introdução. 2.Espiritismo. 3.Espiritismo – doutrina. I.Título. II.Série: Biblioteca de Ciência e Espiritismo.

CDD 133.9 CDU 133.7

Agradecimentos

Desejo agradecer imensamente ao amigos Antônio Miranda Lopes Filho, Jacob Melo, Mathieu Tubino, Sílvio Seno Chibeni e Zalmino Zimmermann, que leram criticamente o manuscrito, dando valiosas sugestões. Entretanto, as falhas que o leitor encontrar não são de responsabilidade deles, mas do autor. Estou também em débito com o amigo Nedyr Mendes da Rocha, pela foto (Fig. 8.2) e pelas valiosas informações sobre os efeitos físicos.

Sumário

Sumário

Prólogo

UMA EXPLICAÇÃO

Inicialmente é necessário explicar o porquê deste livro.

O espiritismo é uma doutrina com aspectos científicos, filosóficos e religiosos, sendo que o primeiro, o fundamental, permitiu o estabelecimento lógico dos outros dois. O aspecto religioso, por outro lado, é o mais importante, uma vez que o objetivo primordial da doutrina espírita é a melhoria moral do ser humano.

Nosso país, com duas fortes tradições – a católica e a positivista –, ou tem deixado de lado o aspecto científico, decorrente da primeira tradição, ou tem visto o lado científico de uma maneira equivocada, justamente pela segunda tradição.

Vamos tentar em poucas palavras dar uma idéia sobre o que se pode entender por *ciência* e em particular por *ciência espírita*:

A ciência é o fruto da atividade científica. Esta pode ser caracterizada por dois aspectos complementares: uma *teoria* e uma *prática*. A teoria é constituída por alguns poucos princípios básicos, inalteráveis, e diversos outros princípios auxiliares, alteráveis para que possam se adaptar aos fatos. A prática consiste na procura de fatos que devem estar de acordo com a teoria, explicados por ela. A atividade do cientista consiste na interação constante entre estes dois aspectos, a qual vai construindo o edifício da sua ciência. Existem ainda, norteando a atividade, normas estabelecendo o que se deve e o que não se deve fazer (regras metodológicas). O corpo teórico deve também ter uma certa coerência interna e não se contrapor, frontalmente, com os equivalentes de outras ciências estabelecidas. Há também a considerar o aspecto social desta atividade, que apresenta suas características próprias, uma das quais é a necessidade de divulgar os resultados dessas atividades. É importante frisar o óbvio: *a ciência é uma atividade humana*.

Por *teoria* entende-se, em uma primeira aproximação, *um conjunto de conhecimentos devidamente organizados que procura ordenar, unificar, explicar, interpretar etc., um certo domínio de fenômenos ou acontecimentos*. Na realidade a teoria é alguma coisa nova, qualitativamente diferente do simples arranjar desses fatos e ela inclui também modos e métodos de agir e pensar próprios. Quase sempre uma teoria é apresentada na forma de princípios ou leis fundamentais que não são demonstrados (algumas vezes justificados), porém suas conseqüências lógicas é que são confrontadas com a experiência. Se estas conseqüências são assim confirmadas, evidentemente os princípios fundamentais são válidos. A ciência espírita também será assim exposta neste livro. Uma boa teoria deve possuir, entre outras, as seguintes características: explicar satisfatoriamente os fatos de seu domínio, ser funcional (simples, prática) e propor problemas. Este último aspecto é muito interessante, pois a atividade do cientista é, em grande parte, resolver estes problemas.

Como exemplo de ciência pode-se citar a mecânica clássica ou newtoniana, uma das primeiras, no sentido moderno, a se estabelecer. Seus princípios fundamentais são as três leis do movimento de Newton (princípio da inércia, a equação "força = massa × aceleração" e o princípio de ação e reação) e a lei da gravidade. Como exemplos de hipóteses auxiliares, que são muitas, pode-se considerar, no cálculo da órbita de um planeta, a perturbação exercida por um outro planeta, as leis do atrito, que corrigem os cálculos feitos por meio das leis fundamentais... A metodologia refere-se à parte experimental e à parte teórica. A primeira consiste essencialmente da medida de massas, posições ou coordenadas e do tempo. A segunda, em utilizar o cálculo diferencial e integral etc. Como exemplos de problemas que a teoria propõe há os cálculos das órbitas dos corpos celestes (planetas, cometas etc.), a estabilidade de uma construção, entre outros.

A ciência espírita apresenta também estas características que serão vistas no capítulo 1. Ela pode ser considerada dentro do que se chama 'ciências humanas', obviamente as ciências que têm por objeto central o ser humano em seus diversos aspectos, como a psicologia, a antropologia, a sociologia, a história etc.

O conceito de *laboratório* é muito importante para auxiliar a caracterização da atividade científica, principalmente no aspecto sociológico. Etimologicamente significa *local de trabalho*. É de fato o local onde os cientistas de uma mesma área trabalham, convivem, trocam idéias e realizam a sua *prática*. Evidentemente as características físicas dos laboratórios variam muito, porém as características de relacionamento humano são semelhantes, pois lá estão as pessoas que conhecem a *teoria* e realizam a *prática*. O laboratório tem outras características, o fenômeno de interesse daquela ciência ali está sob controle, como que 'isolado' do mundo, em sua forma 'pura', pronto para ser analisado, medido, dissecado, enfim, estudado. O laboratório pode ser mesmo um laboratório convencional, como os de química, um observatório astronômico, uma floresta (reserva ecológica), um gabinete de estudos, uma biblioteca etc.

Em um espetáculo de fogos de artifício, presenciamos muitos fenômenos físicos e químicos. Seria ali um bom lugar para estudar os fenômenos de combustão, acústicos, de emissão de luz etc.? Certamente que não, devido à complexidade dos mesmos. Para estudá-los seria necessário 'separá-los' e 'isolá-los' de acordo com critérios preestabelecidos, inclusive tomando o cuidado de não se queimar.

O laboratório da ciência espírita é o centro espírita. Lá estão os que conhecem a teoria e realizam a prática. Ali está o fenômeno sob controle, 'isolado'.

Às vezes, presenciamos manifestações mediúnicas na rua. Seria ali um bom lugar para estudá-las?

A ciência espírita foi feita e está sendo feita principalmente nos centros espíritas.

Acho que a pesquisa espírita não foi feita e não está sendo feita nos centros de metapsíquica ou de parapsicologia, que não satisfazem os requisitos da atividade científica, pois elas não contêm uma teoria. Muitos dos notáveis pesquisadores do passado, que trabalharam no estudo da fenomenologia mediúnica, não fizeram ciência espírita, ou melhor, não fizeram ciência nenhuma, pois não possuíam uma teoria. É interessante que alguns até se tornaram espíritas *no fim* de seus trabalhos.

E nas universidades, não se poderia fazer ciência espírita?

As universidades são importantes instituições de ensino e pesquisa, cujas atuais características têm cerca de duzentos anos. Formaram-se após a Revolução Francesa (ou Burguesa) sobre as ruínas das universidades medievais. Estas eram centradas na teologia e as novas universidades centraram-se nas ciências da matéria: física, química, biologia. Sua *ideologia*, ou seja, o conjunto de idéias que definem sua estrutura, objetivos, funcionamento etc. é praticamente positivista. Ela é, em sua essência, materialista. Creio que, dentro desta concepção de universidade, nela não cabe o espiritismo.

Existem universidades vinculadas a algumas religiões: universidades católicas, protestantes, judaicas, entre outras. Pergunto ao leitor, como são elas? No que diferem das universidades não confessionais?

Uma outra característica da ciência é seu caráter progressivo. Ela precisa estar sempre crescendo, se autotestando, se aperfeiçoando. É como andar de bicicleta: se parar, cai. E isto se aplica também à ciência espírita. Ela não está pronta, terminada, como querem alguns. É preciso que ela cresça. É por este motivo que insistimos na sua importância. Como decorrência desta característica progressiva e do fato de ser uma atividade humana, ela precisa então se automultiplicar, ou seja, precisa formar sempre novos aprendizes, discípulos, adeptos...

A prática do ensino das ciências, estabelecida na primeira metade do século 19, principalmente por J. Liebig, professor de química em Giessen, na Alemanha, apresenta certas características. Em poucas palavras, a formação do discípulo inicia-se com a apresentação de sua ciência 'pronta', 'estruturada', 'imaculada', e depois com a prática da mesma por meio de atividades planejadas com o mesmo intuito. A razão disto é para que o estudante não perca tempo, podendo logo se iniciar na pesquisa de sua ciência. Os livros didáticos refletem esta filosofia de ensino e não refletem propriamente a ciência que está sendo feita, a ciência dos cientistas. Kardec preconizava também esta prática para se iniciar no espiritismo.

Falamos em 'ciência dos cientistas'. O que é isto? Existem duas ciências?

De um certo modo existem duas ciências: a que mencionamos acima, a dos cientistas, e a ciência pronta, passada a limpo, dos compêndios. A primeira é a ciência que está sendo feita, com todas as suas contradições internas, suas incertezas e sua vivacidade, muitas vezes obscura. Francois Jacob, conhecido biólogo francês (Prêmio Nobel de Medicina ou Fisiologia de 1965), a chama de 'ciência noturna'. A ciência dos compêndios é organizada, limpa, clara, arrumada, é a chamada 'ciência diurna'. Os cientistas geralmente preferem a 'noturna', pois é com elas que eles vivem. A 'ciência diurna', entretanto, apresenta mais forte expressão social: é a ciência dos engenheiros, médicos, agrônomos e outros profissionais.

De um modo geral, o livro didático de ciência (de 'ciência diurna') tem a característica de ser a-histórico, impessoal, autoritário, com um mínimo de citações das fontes, com uma linguagem clara e direta, esquemático etc. Algumas destas características nem sempre são louváveis, porém estes compêndios têm sua grande importância que pode ser melhor compreendida com as palavras de Einstein: "A marcha da ciência é mais determinada pelos autores de livros didáticos que pelo trabalho dos que ganham o Prêmio Nobel."

Uma das formas de caracterizar a evolução de uma ciência é o exame de seus livros didáticos. De um modo geral, quando a dita ciência está no início, a abordagem é predominantemente fenomenológica, ou seja, são enfatizados os fatos, os fenômenos, as classificações destacadas, as teorias surgem, timidamente, diluídas no meio dos fatos. Com o amadurecimento da ciência, a coisa se inverte: a abordagem passa a ser teórica, ou seja, a teoria vem em primeiro plano e os fenômenos passam a ser exemplos da teoria. Um exemplo desta mudança ocorreu na década dos sessenta em diante (século 20) com a biologia. Nesta época encontramos livros com a abordagem 'antiga', fenomenológica, apresentando os reinos da natureza, classificação de animais e vegetais etc. A teoria celular era coisa do meio do livro para frente. Por último, trazia alguma coisa de bioquímica. Neste mesmo período, começam a surgir compêndios que faziam o caminho contrário: começavam com bioquímica, célula, DNA. Os fenômenos biológicos surgiam como exemplos. No fim do livro, como apêndice, a classificação das espécies animais e vegetais.

Do ponto de vista pedagógico, ambas as exposições têm suas vantagens e desvantagens. A discussão pela preferência de uma ou outra não levou a nada. Isto não se passou apenas com a biologia, mas também com a física, a química e outras ciências. Por que as coisas evoluíram nessa direção? Não sabemos responder, porém dois argumentos em favor da abordagem teórica podem dar um pouco de luz à questão: (i) a abordagem teórica é mais compacta e, (ii) por meio dela, é mais fácil aprender a usar a teoria, a raciocinar em termos dela. A compactação do conhecimento é uma necessidade prática. Por exemplo, um livro de uma determinada disciplina, que corresponde a um curso anual, por exemplo, tem um determinado tamanho. A ciência progride, cresce. Deveriam os livros também crescerem. Porém isto não é nada prático: os livros estariam sempre crescendo e os alunos... diminuindo. Com o aumento do número de fatos e fenômenos em uma disciplina, surge a necessidade de ordená-los dentro do contexto da mesma e esta é uma das funções da teoria.

Como há livros de física geral, química geral, biologia geral etc., este é um livro de 'ciência espírita geral'. Procurou-se dar a ele as características de um texto didático 'moderno', começando inclusive pela teoria. O nome 'ciência espírita geral' talvez seja longo e poderia ser trocado por outro. 'Pneumatologia'? 'Espiritologia'? Metapsíquica? Parapsicologia? Os dois primeiros não são bons, carecem até de eufonia, e os dois últimos não têm nada a ver com o tema, denotam outra orientação. Daí o título inicial.

Nosso sonho é que ele possa fazer o papel dos livros didáticos, como na citada afirmação de Einstein. Quem sabe se o solo positivista de nosso país não pode acalentar este tipo de semente?

Cremos que, com esta longa conversa, tenhamos explicado o porquê deste livro.

Capítulo 1

INTRODUÇÃO

Os fundamentos

A ciência espírita inicia-se com os trabalhos de Allan Kardec, realizados no período de 1855 a 1868. Estudando inicialmente as chamadas 'mesas girantes' e depois fenômenos mais elaborados, ele organizou os fundamentos teóricos e metodológicos desta ciência. Neste capítulo serão apresentados os princípios da ciência espírita e apresentados alguns exemplos ilustrativos.

O objetivo da ciência espírita é estudar determinados tipos de fenômenos que ocorrem com os seres humanos, mesmo, aparentemente, à sua revelia, porém com sua participação. Estes fenômenos envolvem, além dos 'vivos', ou seja, nós mesmos, também os chamados 'mortos', ou seja, aqueles que já viveram aqui junto de nós. São os fenômenos relativos aos sonhos, às comunicações com os 'mortos', às 'aparições' e 'assombrações' etc. A partir do estudo destes fenômenos abre-se uma nova visão do ser humano, de sua origem, de seu destino, de suas alegrias e angústias, contendo uma nova compreensão de si mesmo e do universo.

Como foi visto no Prólogo, uma ciência pode ser exposta por meio de seus princípios. No caso da ciência espírita, estes princípios são:

Princípios básicos: existência, sobrevivência ou imortalidade, comunicação, reencarnação e evolução do espírito.

Princípios auxiliares: o perispírito e suas propriedades, a lei de afinidade, os fluidos e suas propriedades etc.

Regras metodológicas: regras para a realização das reuniões mediúnicas, procedimentos a serem tomados para aceitação das comunicações mediúnicas (universalidade, coerência com os princípios e linguagem), certas atitudes morais etc.

Outros princípios auxiliares e outras regras serão apresentados oportunamente. Pode-se dizer que estes itens acima expostos constituem o cerne da *teoria da ciência espírita* (ou simplesmente *teoria espírita*).

Vale ressaltar que o estudo da ciência espírita consiste em observações dos fenômenos, suas explicações teóricas, elaboração de questões sobre ambos, verificação das mesmas etc., não importando a seqüência. A análise de casos (seja descrito na literatura ou em reuniões mediúnicas) é sempre algo imprescindível.

Alguns casos históricos

Nos registros históricos da humanidade existem inúmeros relatos de fenômenos envolvendo a comunicação com os 'mortos'. Como documento histórico, a Bíblia contém muitas destas narrativas. Vamos apresentar uma delas para exemplificar este tipo de fenômeno.

No Antigo Testamento, no I Livro de Samuel, capítulo 28, versículos 7 a 20, há a narrativa do encontro do rei Saul com o falecido juiz (ou sacerdote) do povo hebreu, Samuel, o qual inclusive o havia ungido como o primeiro rei de Israel.

> O rei [Saul] disse aos seus servos: – Procurai-me uma necromante para que eu a consulte. – Há uma em Endor – responderam-lhe. Saul disfarçou-se, tomou outras vestes e pôs-se a caminho com dois homens. Chegaram à noite à casa da mulher. Saul disse-lhe: – Predize-me o futuro, evocando um morto; faze vir aquele que eu te designar. – Respondeu-lhe a mulher: – Tu bem sabes o que fez Saul, como expulsou da terra os necromantes e os adivinhos. Por que me armas ciladas para matar-me? – Saul, porém, jurou-lhe pelo Senhor: – Por Deus – disse ele –, não te acontecerá mal algum por causa disto. – Disse-lhe então a mulher: – A quem evocarei? – Evoca-me Samuel.

> E a mulher, tendo visto Samuel, soltou um grande grito: – Por que me enganaste? – disse ela ao rei. – Tu és Saul! – E o rei: – Não temas! Que vês? – A mulher: – Vejo um deus que sobe da terra. – Qual é o seu aspecto? – É um ancião, envolto num manto. – Saul compreendeu que era Samuel e prostrou-se com o rosto por terra. Samuel disse ao rei: – Por que me incomodaste, fazendo-me subir aqui? – Estou em grande angústia – disse o rei. – Os filisteus atacam-me e Deus se retirou de mim, não me respondendo mais, nem por profetas, nem por sonhos. Chamei-te para que indiques o que devo fazer. – Samuel disse-lhe: – Por que me consultas, uma vez que o Senhor se retirou de ti, tornando-se teu adversário? Fez o Senhor como ele tinha anunciado pela minha boca. Ele tira a realeza de tua mão para dá-la a outro, a Davi. Não obedeceste à voz do Senhor e não fizeste sentir a Amalec o fogo de sua cólera; eis porque o Senhor te trata hoje assim. E mais: o Senhor vai entregar Israel, juntamente contigo, nas mãos dos filisteus. Amanhã tu e teus filhos estareis comigo, e o Senhor entregará aos filisteus o acampamento de Israel. – Saul, atemorizado com as palavras de Samuel, caiu estendido por terra, pois estava extenuado, nada tendo comido todo aquele dia e toda aquela noite.
>
> [Saul, após ter sido alimentado pela mulher, parte naquela mesma noite].
> (*Bíblia Sagrada*, Editora Ave Maria, edição Claretiana, São Paulo, 1977.)

O texto claramente admite que a mulher era uma necromante, palavra de origem grega que significa *pessoa que faz previsões por meio da evocação dos mortos*. Atualmente, de acordo com a doutrina espírita, usa-se o termo *médium*. Distinguem-se pelo menos dois fenômenos nesta descrição, que podem ser denominados de *vidência* e *psicofonia*. O primeiro fenômeno (vidência) foi a mulher ter visto Samuel. O segundo (psicofonia), foi ela ter transmitido, oralmente, o pensamento do 'morto'. É uma sucinta, porém exata, descrição de uma *reunião mediúnica*, conforme será visto no capítulo 6.

Deixando a Bíblia e indo para a tradição religiosa do catolicismo, temos a história de santo Antônio:

> Santo Antônio de Pádua ou de Lisboa, padroeiro de Portugal e de Pádua (Itália), nasceu em Lisboa em 15 de agosto de 1195, e faleceu em Arcela, próximo a Pádua, em 13 de junho

de 1231, sendo canonizado 11 meses depois. Seu nome civil era Fernando de Bulhões. Aos 15 anos entrou para o convento dos padres agostinianos e em 1220 foi admitido na ordem dos franciscanos. Antônio, nome adotado quando de sua admissão a essa última ordem religiosa, foi um grande pregador, percorrendo Portugal, Itália e França. Muitos feitos extraordinários são atribuídos a ele, porém um dos mais notáveis é o que envolveu sua aparição em Lisboa, enquanto pregava em Pádua:

Em Lisboa, um certo indivíduo, matou, por inimizade, um moço de importante família e escondeu o cadáver no quintal de seu vizinho, Martim de Bulhões, pai de Antônio. As autoridades acabaram por encontrar o corpo, e o pai de Antônio foi acusado de cúmplice do homicídio e condenado à morte, juntamente com o autor do crime.

Antônio estava pregando na igreja, em Pádua, na Itália, quando cessou de falar, apoiou-se no púlpito, ficando imobilizado, dando a impressão de estar dormindo.

Enquanto isso, em Lisboa, o cortejo da Justiça ia conduzindo os condenados à execução pública. Ao passarem em frente à igreja da Sé, onde o assassinado fora sepultado, aparece Antônio que faz parar a multidão. Chega à cova do morto, chama-o, fá-lo aparecer à vista de todos e narrar a verdade sobre o crime, sem nada omitir. O espanto foi total, pois o defunto 'ergueu-se da tumba' e, após contar sua história, caiu 'morto' outra vez!

Martim de Bulhões foi inocentado, livrando-se da condenação.

Em seguida, em Pádua, Antônio 'acorda' no púlpito, continua sua pregação pedindo desculpas pelo demorado intervalo. Narrou onde fora e o que fizera, produzindo outro enorme espanto geral.

Os que em Pádua não acreditaram no relato de Antônio pediram notícias de Lisboa. No entanto, ficaram ainda mais espantados quando estas chegaram, pois confirmavam tudo. [Baseado em Almerindo Martins de Castro, *Antônio de Pádua*, 7ª ed., Edições FEB, 1939]

O fenômeno de aparição de uma pessoa simultaneamente em dois lugares é chamado de *bicorporeidade*. Mais adiante, neste livro, o leitor encontrará uma explicação para o mesmo e outros exemplos.

Como foi mencionado, a partir de Kardec, os fenômenos mediúnicos passaram a ter uma nova visão e ocorrências novas também foram posteriormente surgindo. Sem dúvida, o mais importante destes fenômenos, pode-se dizer, é a própria pessoa do médium Francisco Cândido Xavier. Não haveria espaço aqui para descrever seu trabalho mediúnico, deseja-se apenas mencionar seu primeiro livro *psicografado*, editado em 1932: *Parnaso de Além-túmulo*. Por psicografia entende-se a transmissão da idéia de um 'morto' por meio da escrita (na necromante de Endor foi por meio da fala). O *Parnaso* é uma antologia, uma coletânea de poesias de cerca de quarenta poetas brasileiros e portugueses, já 'mortos', e que se manifestaram por meio do médium, com suas características, seus estilos próprios, alguns inconfundíveis. Como exemplo, duas estrofes de Castro Alves: a primeira quando estava aqui entre nós e a segunda, do *Parnaso*:

Oh! Bendito o que semeia
Livros... livros à mão cheia...
E manda o povo pensar!
O livro caindo n'alma
É germe – que faz a palma,
É chuva – que faz o mar

(Castro Alves, *O livro e a América*, in *Poesias completas*, Rio de Janeiro: Ediouro)

Oh! Bendito quem ensina,
Quem luta quem ilumina,
Quem o bem e a luz semeia
Nas fainas do evoluir:
Terá a ventura que anseia
Nas sendas do progredir.

(Castro Alves [espírito], *Marchemos!* in *Parnaso de Além-túmulo*, Rio de Janeiro: edição FEB)

A primeira vista, poder-se-ia dizer que o *Parnaso* seria um pastícho feito pelo próprio Chico Xavier. Em linguagem literária, *pasticho* significa escrever imitando o estilo de outro autor. Pastichar um autor é coisa comum. Dois, é difícil. Três é raridade. Quarenta, então...! Para isso ser possível ele deveria ter lido e estudado muito a literatura brasileira e portuguesa, além de ter dotes intelectuais muito raros. Quando o livro foi lançado o médium tinha cerca de vinte anos (muito jovem para tanta leitura), apenas o curso primário (4ª série de hoje) e não demonstrava os raros dotes intelectuais necessários. É mais lógico e simples admitir a mediunidade, ou seja, a comunicação dos 'mortos', que apelar para teorias do inconsciente ou coisas semelhantes. E há ainda vários outros livros deste tipo (antologias poéticas), psicografados pelo Chico, envolvendo ainda outros autores.

Pode-se notar, nestes exemplos, uma dificuldade em separar os aspectos científicos dos filosóficos, morais e éticos, pois se está lidando com seres humanos e esta dificuldade é comum em todas as chamadas ciências humanas. Estes aspectos filosóficos e morais não serão na realidade descartados, mas procurar-se-á tratá-los em conjunto com os científicos.

EXERCÍCIOS

1.1 – A alma de uma pessoa já existia antes de ela nascer?

1.2 – O espírito de uma pessoa continua existindo depois da morte?

1.3 – Para um materialista a morte é o fim de tudo. Explique a diferença entre a concepção espírita do ser humano e a concepção materialista.

Capítulo 2
CONCEPÇÃO ESPÍRITA DO SER HUMANO

Os seres humanos

Os seres humanos podem estar em dois estados: o estado *encarnado* e o *desencarnado*. O primeiro ocorre quando o espírito está aqui neste mundo físico, tendo também um corpo físico ('corpo de carne e osso'). É a nossa situação. O segundo estado ocorre quando o espírito não tem o corpo, está no mundo espiritual (está 'morto').

Os encarnados são constituídos por três partes, cujos limites não são bem definidos: o corpo físico, o perispírito e o espírito. O corpo físico é constituído de matéria (matéria física) e o perispírito, por uma matéria mais sutil, denominada *fluido*. O espírito é a individualidade pensante, inteligente.

Os desencarnados distinguem-se dos encarnados pela ausência de corpo físico. O perispírito, em ambos, é de mesma natureza, diferindo apenas em alguns aspectos. Como o espírito está sempre com seu perispírito, que o envolve, Kardec deu-lhe este nome, significando "o que envolve o espírito".

Para diferenciar e facilitar a compreensão, o espírito do encarnado é chamado de *alma*, e o do desencarnado apenas de *espírito*. Poderão ser também utilizados os termos *espírito encarnado*, *espírito desencarnado*, *espírito do médium* etc. Algumas vezes, entretanto, será usado o termo *espírito*, em caráter geral, sem nenhuma distinção.

As três partes mencionadas (ou duas para os desencarnados) têm uma certa continuidade, ou seja, não conhecemos exatamente os limites de cada uma. A razão disto ficará mais clara no capítulo 3, quando se falar dos fluidos.

Os esquemas da figura 2.1 ilustram estas concepções.

Não sabemos como o espírito foi criado, e nem importa isto no momento (este tema será discutido no capítulo 10), mas nós somos essencialmente espíritos. Existimos antes de nascer e continuamos a existir depois de morrer.

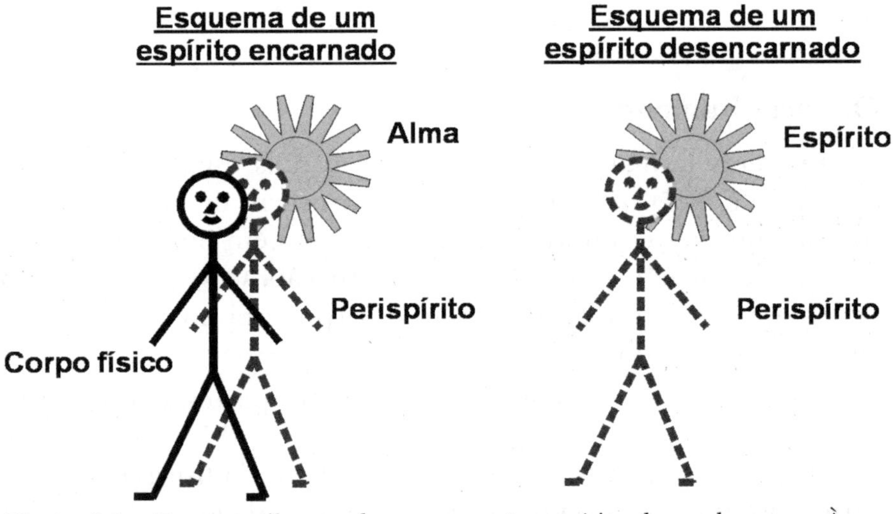

Figura 2.1 – Esquema ilustrando a concepção espírita do ser humano. À esquer da, o espírito encarnado (ser humano encarnado), constituído pela alma, perispírito e corpo físico e, à direita, o espírito desencarnado (ser humano desencarnado ou simplesmente espírito), constituído pelo espírito e perispírito. Como o espírito não tem propriamente uma forma, foi utili zado o símbolo acima, que lembra um sol, uma centelha.

A *vinda* do espírito ao plano físico vem a ser a *encarnação*, ou seja, o espírito vai moldar, com a ajuda de sua mãe, em seu ventre, um novo corpo, que nasce para viver e atuar na matéria física. A *volta* ocorre com a separação definitiva entre o espírito, que continua a viver no mundo espiritual, e o corpo, que é o que realmente morre.

Como encarnamos muitas e muitas vezes, usa-se mais o termo *reencarnação*.

Do ponto de vista biológico (natural) a existência física iniciase com a fecundação do óvulo por um espermatozóide, no interior do corpo materno. A nova célula formada inicia sua divisão e fixa-se nas paredes do útero. Inicia-se a diferenciação celular e o novo corpo vai se desenvolvendo até a hora do *nascimento*. Evidentemente o processo biológico continua. O processo contrário, a *morte*, vem a ser a supressão de certas atividades vitais, que comprometem todo o funcionamento do organismo, como a pulsação cardíaca ou a atividade cerebral. Cessando as atividades fisiológicas, o corpo entra em processo de decomposição.

Do ponto de vista espiritual, a *vinda* é um processo constituído por várias etapas. Inicialmente há uma preparação que depende do grau evolutivo do espírito. Aqueles que já têm um certo nível de consciência, compreendem e participam deste planejamento. Aí se determinam diversos aspectos da futura existência carnal: como vai ser o corpo, quem vão ser os pais, onde e quando vai nascer etc. A segunda etapa consiste na ligação do espírito, por meio do perispírito, com o novo corpo, no início do processo biológico. Durante a gestação, o perispírito vai moldando o corpo que se forma, ao mesmo tempo que este cresce também de acordo com o determinismo biológico próprio, decorrente de sua bagagem genética.

O nascimento é uma fase marcante deste processo, o qual continua até a idade adulta.

A *volta* ocorre com a morte do corpo físico e a conseqüente separação do perispírito e espírito. É também um processo, só que talvez com mais variáveis que a vinda, pois depende de como foi a vida do espírito aqui na carne e como seu corpo morreu. De um modo geral há um período de perturbação, em que o espírito fica como que inconsciente, e que pode durar de horas a décadas. Depois, o espírito vai recobrando a sua consciência, assumindo seu lugar próprio no plano espiritual. A duração da perturbação e o lugar do mundo espiritual dependem da vida que o mesmo levou, principalmente em relação a seu aspecto moral.

Durante sua existência no plano físico, o espírito não está completamente desligado do mundo espiritual, da companhia dos espíritos com os quais mantemos laços de afinidade. Durante o sono, o espírito se afasta do corpo físico e pode entrar em relação com o mundo espiritual. É o que se chama *emancipação da alma*. A emancipação não ocorre apenas durante o sono, mas também em outras situações, conforme será visto no capítulo 5.

Em todas as etapas da existência – a vinda, a permanência na carne, a volta e a vida espiritual –, nunca se está a sós. Tem-se sempre a companhia de outros espíritos (encarnados e desencarnados) que são afins, que simpatizam conosco, e também daqueles que não simpatizam. Sem falar nos espíritos superiores, que tutelam e orientam cada um de nós e que são também chamados de 'protetores', 'guias', 'anjos guardiões' etc. Ninguém nunca está só neste mundo, nem o eremita no deserto.

É preciso mencionar também que o espírito, assim como também o perispírito e o corpo físico, estão em evolução. O espírito progride na direção de um maior conhecimento e de uma moral mais elevada. Este tema será retomado no capítulo 10 e, por enquanto, a abordagem do aspecto evolutivo não se faz necessária. Outros aspectos importantes do ser humano serão retomados ao longo do livro, porém os expostos neste capítulo são considerados os mais importantes em termos da teoria espírita.

Capítulo 3

FLUIDOS – I

Universo, entendido como a totalidade das coisas e dos seres, é constituído de uma parte espiritual e de uma infinita variedade de tipos de matéria. Além da matéria descrita usualmente pelas ciências acadêmicas (física, química, biologia), ou seja, a matéria formada pelos elementos químicos da classificação periódica de Mendeleiev, as partículas elementares que constituem o núcleo atômico, as radiações eletromagnéticas etc. Existem outros tipos de matéria mais sutis, não descritas nos textos dessas ciências acadêmicas e que são chamadas genericamente de *fluidos*. Nos dicionários e compêndios de física, fluido significa aquilo que flui, que é capaz de se escoar quando submetido à ação de certa força, como os líquidos e os gases. No século 19, a eletricidade, o calor, a luz etc. eram considerados fluidos imponderáveis que impregnavam os corpos. Os fenômenos elétricos, térmicos, óticos etc. eram explicados por meio desses fluidos elétricos, térmicos, luminosos etc. Na época de Kardec, esta era ainda a teoria mais aceita pelos cientistas acadêmicos e, ao estudar os fenômenos mediúnicos, ele utiliza estes conceitos como analogia. No final do mesmo século, estas teorias foram substituídas por outras e o termo *fluido*, com esta acepção, caiu em desuso na física e na química, passando a significar apenas os líquidos e gases comuns. O termo *fluido*, na ciência espírita, designa então estes materiais mais sutis, não descritos, como já foi mencionado, nos textos de física, química e biologia.

Os fluidos se manifestam nos seres vivos, inclusive humanos, podendo por eles ser percebidos, de forma diferenciada evidentemente. Não há como confundir com os líquidos e gases.

Em ciência espírita, como sinônimo de fluido tem-se utilizado também o termo *energia*. Entretanto este termo possui diversos outros significados (o *Dicionário* do Aurélio registra cinco significados, o do Houaiss, seis), podendo criar às vezes confusão, daí não o utilizarmos. Outros nomes são às vezes empregados: *matéria fluídica*, *matéria perispiritual*, *matéria psi* etc. Poder-se-ia empregar também o neologismo *pneumailéia*, formado de palavras gregas e que quer dizer "matéria (*iléia*) de que é feito o espírito (*pneuma*)". Entretanto o uso já consagrou *fluidos*.

Outro aspecto importante a ser tratado é que há uma espécie de continuidade entre as diversas formas de matéria, inclusive os fluidos (não esquecer que eles são também matéria). Vamos explicar isto melhor fazendo uso de analogias com a matéria física.

Do hidrogênio ao urânio, ou seja, do mais leve elemento químico ao mais pesado encontrado na natureza, passando pelas miríades de compostos que esta centena de elementos pode formar, temos uma variabilidade enorme de formas, densidades, cores etc. Para cada propriedade que se escolher, há uma variedade de materiais que apresentam valores crescentes (ou decrescentes) próximos, exibindo uma certa *continuidade*. Estas propriedades muitas vezes apresentam, dentro desta continuidade, variações (inclusive bruscas) e mudanças qualitativas. Note que esta continuidade é das propriedades e não propriamente da matéria, que é corpuscular, ou seja, constituída por átomos, que são também constituído por partículas menores.

Um outro exemplo que podemos considerar são os *estados da matéria*. Comumente se diz que a matéria se apresenta em três estados: sólido, líquido e gasoso. Sabemos que não é bem assim. Entre o sólido e o líquido, por exemplo, há diversos estados intermediários: pastas, borrachas, plásticos etc. Nosso próprio corpo é um exemplo disto. Um bloco de piche, de consistência semelhante ao vidro, deixado em repouso, começa a se deformar como se fosse um líquido (pode-se dizer que certos 'sólidos' são líquidos de alta viscosidade). E assim por diante. Entretanto a divisão sólido-líquido-gás é prática, é simples. Daí sua utilidade, independentemente da *continuidade* que há entre os estados.

Por analogia, pode-se pensar assim também dos fluidos: uma grande variabilidade, talvez até maior do que na matéria física. Fala-se, portanto, em fluidos *mais densos* (aqueles mais próximos à matéria física) e fluidos mais *sutis* ou *menos densos* (aqueles mais distantes da matéria física).

O ponto importante é que o perispírito é constituído de fluidos e o conhecimento de ambos é fundamental para a compreensão dos fenômenos a serem tratados.

Podemos estender também estas considerações até o espírito, pois segundo nos informam os espíritos superiores, nos mundos mais elevados, o perispírito, mais sutil, se confunde com o próprio espírito. No entanto isto, para nosso nível evolutivo, é algo que foge à nossa compreensão. Podemos, entretanto, considerar que haja uma continuidade entre as matérias mais sutis do perispírito e o espírito, a fim de esboçarmos a teoria do perispírito (ver capítulo 4). Esta é uma questão que no futuro a espiritualidade superior certamente nos esclarecerá.

Uma consideração fundamental a ser feita é a percepção, a detecção dos fluidos. A matéria física é percebida pelos nossos sentidos e instrumentos. Os instrumentos podem, em uma primeira aproximação, ser considerados extensões dos nossos sentidos. No entanto, com o progredir da ciência e da técnica, foram, e estão sendo, construídos novos instrumentos que já não podem ser considerados extensões de nossos sentidos. Por exemplo, o microscópio comum (microscópio óptico) é um instrumento que 'amplifica' o poder de visão de nosso olho, porém o microscópio eletrônico já não pode ser assim considerado, pois o que ele usa para 'ver' não é a luz comum, mas elétrons, coisas que nosso olho não vê.

A percepção dos fluidos é variável, dependendo destes e das condições. As pessoas que 'vêem' espíritos (chamadas de médiuns clarividentes), ou melhor, 'vêem' perispíritos, não o fazem com os olhos de carne, mas por meio do seu próprio perispírito. Às vezes, o perispírito do desencarnado torna-se visível a muitas pessoas, podendo inclusive ser fotografado. Isto, e também outros fenômenos semelhantes, é possível devido a certas circunstâncias (estes pontos serão tratados nos capítulos 5 e 6). O fato é que os fluidos são detectáveis apenas com o auxílio de seres vivos em condições próprias e não com os instrumentos utilizados para se detectar a matéria física, pelo menos no estágio atual de nossos conhecimentos. A percepção dos fluidos será ainda discutida várias vezes nos capítulos que se seguem.

Os fluidos que constituem o perispírito são de muitos tipos, da mesma forma que muitos são os tipos de materiais que formam o nosso corpo físico. Temos fluidos mais densos e outros mais sutis. Dentre os mais densos estão aqueles chamados genericamente de *princípio vital*. Este fluido (ou estes fluidos) é característico dos encarnados. Quando o perispírito se desliga definitivamente do corpo físico (no fenômeno da morte), o princípio vital, ainda remanescente, volta ao ambiente fluídico. A região mais sutil do perispírito é chamada de *corpo mental* (este tema será retomado no capítulo 4).

Assim como os espíritos encarnados podem modificar a matéria, os espíritos desencarnados podem modificar os fluidos. As modificações da matéria se fazem de acordo com nossa vontade, nosso conhecimento, que, por meio do perispírito, aciona o corpo e este atua então sobre a matéria, usando também das extensões do corpo (os instrumentos). Os espíritos, por meio de sua vontade e de seu conhecimento, também atuam, por intermédio de seus perispíritos, sobre os fluidos, modificando-os. Isto é um ponto importante que será sempre recolocado.

Este tema será retomado no capítulo 7.

EXERCÍCIOS

3.1 – Considerando que os materiais podem ser classificados em sólidos, líquidos e gasosos, dê exemplos destes três tipos existentes no corpo humano. Há algum material em nosso corpo, intermediário entre dois destes tipos?

Capítulo 4

PERISPÍRITO

Neste capítulo serão vistas algumas das propriedades do perispírito. Já foi mencionado que o perispírito é um corpo fluídico que envolve o espírito e que serve de 'molde' e 'animador' do corpo físico.

Constituição

Os fluidos que constituem o perispírito são de natureza corpuscular, ou seja, ele formado de átomos e moléculas, porém de natureza diferente daqueles que constituem a matéria física. Este conhecimento provém de informações dadas pelos espíritos. É um aspecto importante; porém, no momento atual, de pouca utilidade, por falta de conhecimentos de nossa parte para bem utilizá-lo (ver observação 4.1). Como já foi visto (capítulo 3), do que se sabe a respeito da matéria física e dos fluidos, pode-se considerar que há uma *continuidade* entre a primeira até os fluidos mais sutis, próximos do espírito. Isto pode ser melhor compreendido por meio diagrama da figura 4.1.

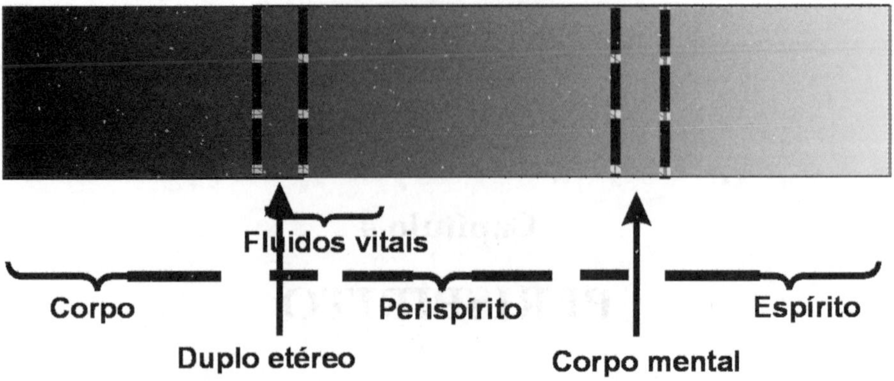

Figura 4.1 – Diagrama ilustrando a continuidade entre a matéria física e o espírito, em um ser humano encarnado.

São necessárias mais algumas considerações sobre o termo *continuidade*. Se olharmos o diagrama, observaremos uma variação *contínua* entre o cinza mais escuro até o branco, por exemplo. Agora, se olharmos com uma lupa ou um microscópio, veremos uma série de pontos negros espalhados pelas fibras do papel e as variações das quantidades desses pontos dão a ilusão da continuidade. O mesmo acontece com a matéria física: nós a percebemos de forma contínua, mesmo com potentes microscópios óticos. Só com outros recursos é que ela será percebida em sua forma corpuscular, ou melhor, corpuscular-ondulatória ou quântica. Da mesma forma está sendo utilizado aqui o termo *continuidade*.

Forma e propriedades

Para se descrever o perispírito será utilizada uma série de conceitos próprios da matéria física. Talvez alguns deles possam, de fato, ter validade com relação à matéria fluídica, outros não; porém, na falta de termos adequados, serão também utilizados na descrição.

Por meio de observações mediúnicas dos fenômenos de materialização e de informações fornecidas pelos espíritos, pode-se descrever em linhas gerais o perispírito da seguinte maneira:

• Em nosso planeta, a forma usual do perispírito é a do corpo físico da última existência. Espíritos com mais conhecimento podem alterar esta forma, assumindo a de existências anteriores, outras diferentes ou até mesmo formas não-humanas, por ação hipnótica ou auto-hipnótica (ver capítulo 6).

• O perispírito, de uma maneira geral, apresenta as seguintes características: *flexível, expansível, invisível, impalpável, penetrável* e outras semelhantes. Estas características, no entanto, dentro de certos limites, podem ser alteradas pela vontade do espírito, podendo este contar, inclusive, com a ajuda de terceiros. Assim, ele pode se tornar, aos encarnados, visível, impenetrável e palpável, como nos chamados fenômenos de materialização (ver capítulo 8).

• A densidade do perispírito é variável conforme o estado evolutivo do espírito, que, dentro de certos limites e das circunstâncias, pode modificá-la. Espíritos ainda recém-libertos do corpo físico podem apresentar perispíritos mais densos e, à medida que vão se adaptando e se conscientizando de sua situação no mundo espiritual, podem então se tornar menos densos. Da mesma forma, o espírito pode também adensar seu perispírito.

• O perispírito é formado por partes. Assim, durante o sono, por exemplo, o espírito pode se afastar do corpo, com parte do perispírito, ficando outra parte ligada ao corpo físico, e, ligando ambas, o *cordão fluídico*. A figura 4.2 apresenta um esquema ilustrativo e podem-se então destacar três partes: a que se desloca, acompanhando o espírito, a que fica ligada ao corpo e o cordão fluídico. Note que o perispírito, pelas propriedades citadas acima, pode atravessar obstáculos materiais, como paredes, por exemplo. Por outro lado, podemos pensar o perispírito formado por partes não apenas no sentido mencionado (como os dedos são partes da mão), mas também no sentido de que os fluidos que o constituem são diferentes. Por analogia com nosso corpo, que é formado por tecidos bem diferentes entre si, como os ossos (sólido) e o sangue (líquido). Assim o perispírito apresenta partes mais densas, como os fluidos vitais, e partes menos densas, como o corpo mental. Uma das partes mais densas é chamada *duplo etéreo*, indicada na figura 4.1. É bom salientar que não há uma nomenclatura de aceitação geral quanto às partes do perispírito e quase sempre há um conflito de nomes diferentes para uma mesma parte e até partes que não têm nome. Não podemos nos esquecer de que as divisões acabam sendo também arbitrárias, face à continuidade já mencionada. Isto é compreensível pelo fato de que conhecemos pouco sobre a estrutura (se é que podemos usar este termo) do perispírito.

O perispírito, conseqüentemente, pode se apresentar em diferentes estados, conforme o estado do espírito e as circunstâncias. Em essência, o espírito do desencarnado é igual ao espírito do encarnado. A diferença está na parte mais próxima da matéria, nos fluidos vitais. Espíritos encarnados, fora do corpo físico, podem se materializar, se tornar visíveis, tangíveis, como os espíritos desencarnados. Como exemplo, podem-se citar vários casos ocorridos com Eurípedes Barsanulfo (ver observação 4.2). Este fenômeno é chamado de *bilocação* e será novamente enfocado no capítulo 8.

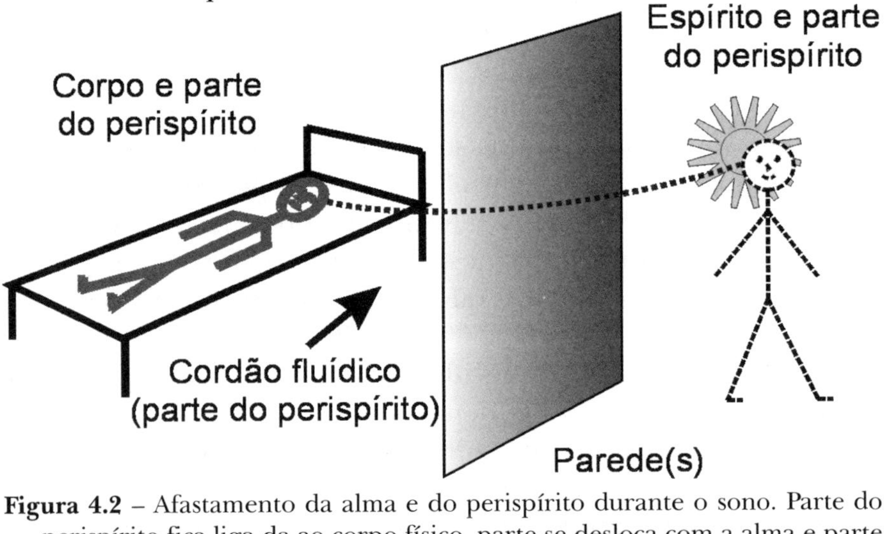

Figura 4.2 – Afastamento da alma e do perispírito durante o sono. Parte do perispírito fica liga da ao corpo físico, parte se desloca com a alma e parte constitui o cordão fluídico.

Nosso corpo físico absorve e emite, constantemente, radiações eletromagnéticas, principalmente na forma de infravermelho, e matéria (absorve oxigênio, desprende gás carbônico etc.). Como o corpo físico, o perispírito está também emitindo e absorvendo radiações e fluidos próprios. Parte dessas emanações, chamada de *aura*, pode ser vista ou sentida por pessoas com uma sensibilidade adequada. Ela é descrita como emissões coloridas e as cores podem traduzir o estado do espírito (ver observação 4.3). A figura 4.3 ilustra, de forma esquemática, como a aura é percebida por algumas pessoas, tanto no caso de encarnados como no de desencarnados.

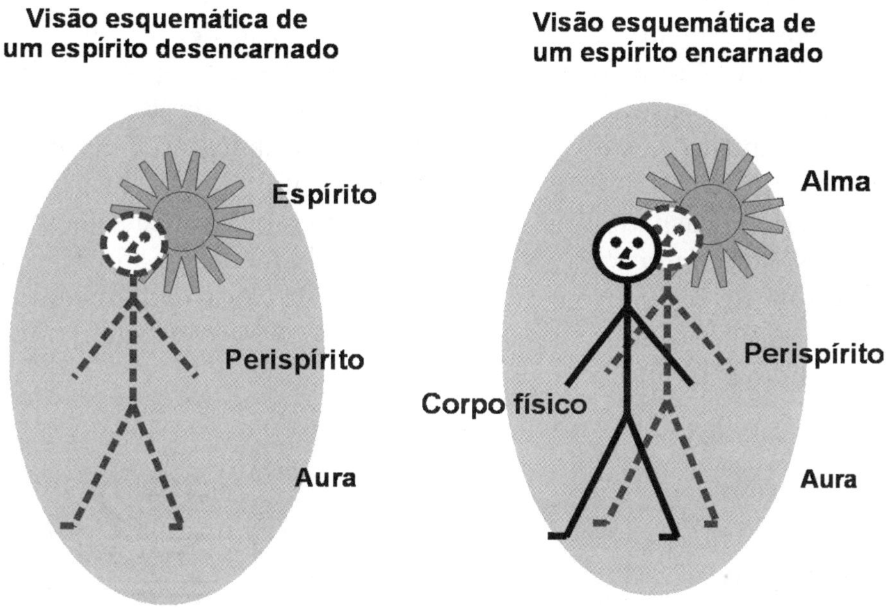

Figura 4.3 – Visão esquemática de como a aura é percebida. A cor, no caso, não tem significado.

Lei de afinidade

A lei de afinidade rege as interações, as relações entre os espíritos, encarnados e desencarnados, conforme será visto nos capítulos seguintes. O nome da lei já expressa que estas interações só ocorrem mais intensamente quando há uma certa afinidade entre as partes, porém é necessário explicar melhor. Inicialmente, para efeitos didáticos apenas, vamos considerar que corpo-perispírito-espírito ou perispírito-espírito sejam um todo dividido em níveis sucessivos, como mostrado na figura 4.4. Por *interações* pode-se entender qualquer tipo de *ação* de um ao outro e vice-versa, como a *comunicação* entre as partes.

Em um indivíduo, um nível pode interagir com o que está próximo, mas não com os distantes. Os níveis próximos têm *afinidade pela semelhança*. Conseqüentemente, em um encarnado, o espírito só pode atuar no corpo por meio do perispírito.

Entre indivíduos, a interação só pode ocorrer também entre níveis semelhantes. O corpo de 'A' pode interagir com o corpo de 'B', mas o espírito 'A' não pode atuar no corpo de 'B'. Para que isto ocorra, o espírito 'A' tem que interagir como o espírito de 'B' (não importa agora como isto é feito), o espírito de 'B' atuar em seu perispírito e este no corpo físico. A comunicação mediúnica (vide capítulo 6) ocorre entre os perispíritos do desencarnado com o do encarnado e, se houver uma diferença apreciável entre ambos, a comunicação não ocorre. Nos chamados efeitos físicos (capítulo 8), o espírito e o perispírito do desencarnado não atuam diretamente sobre a matéria, havendo a necessidade de um intermediário fluídico mais denso.

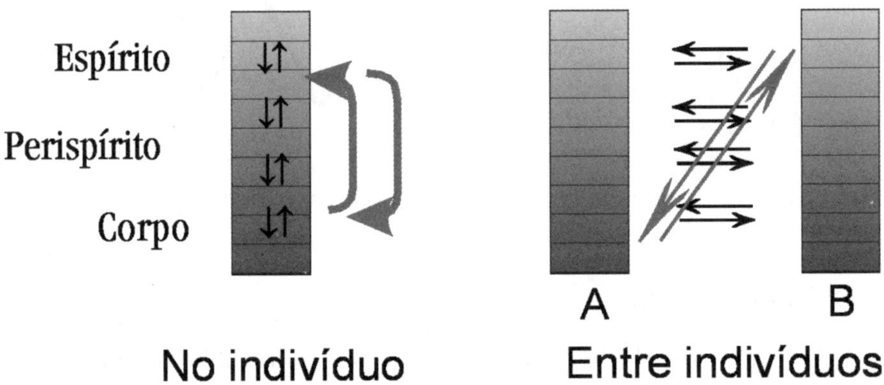

Figura 4.4 – Lei de afinidade. Em um indivíduo as interações (comunicações, informações, comandos, ações etc.) ocorrem entre as partes que estão próximas (semelhantes), conforme indicam as setas pretas no esquema. As setas cinzas são interações proibidas (p. ex. o espírito não atua diretamente no corpo). Entre os indivíduos, as interações ocorrem entre as partes semelhantes, conforme indicam as setas pretas. Interações entre partes muito diferentes, conforme indicam as setas cinzas, não são possíveis.

EXERCÍCIOS

4.1 – Cite três características do perispírito.

4.2 – Um espírito desencarnado tem perispírito? E cordão fluídico?

4.3 – Faça um resumo do item *Formação e propriedades do perispírito* do livro *A gênese*, de Allan Kardec, cap. XIV (§ 7 a 12).

4.4 - Procure, nos livros abaixo, outras propriedades do perispírito não citadas no item *Forma e Propriedades*:

Antologia do perispírito, José Jorge, Rio de Janeiro: CELD (1997).

Perispírito, Zalmino Zimmermann, Campinas: edição do Centro Espírita Allan Kardec (2000).

4.5 – A percepção resulta necessariamente de uma interação. Por meio da lei de afinidade, como seria a interação de um espírito desencarnado com um encarnado para que este último perceba o primeiro? Seria perispírito com corpo, corpo com corpo etc.?

OBSERVAÇÃO 4.1

A teoria atômica da matéria física, conhecida deste a Antigüidade, só passou a ser uma 'boa teoria' após Dalton, em 1800, quando este postulou que os átomos tinham peso e que as relações entre seus pesos eram as mesmas encontradas nas análises químicas. A partir daí é que a teoria progrediu de forma acentuada.

Pode-se dizer que uma 'boa teoria', além de explicar os fatos de seu domínio, deve ser simples, prática, funcional e também propor problemas. No caso da teoria atômica de Dalton, logo de início ela já propunha um problema: a determinação dos pesos atômicos, ou seja, a massa de um dado átomo em relação a outro. É importante mencionar outra vez que a continuidade é inerente às propriedades e que os fluidos, como a matéria física, são também de natureza corpuscular.

OBSERVAÇÃO 4.2

Eurípedes Barsanulfo nasceu em 1880, em Sacramento, próximo de Uberaba, em Minas Gerais, e desencarnou em 1918, na mesma cidade. Denominado o *Apóstolo da Caridade*, Eurípedes foi exemplar em todas as atividades que exerceu em sua curta existência terrena: foi professor, vereador, contador, jornalista, farmacêutico e, além de tudo, um médium espírita de faculdades extraordinárias. Facilmente, seu espírito e perispírito se afastavam do corpo e, inclusive, até se tornavam visíveis e tangíveis em outro local, realizando tarefas médicas de socorro, como partos difíceis. Os assistidos e os presentes sempre tinham consciência de que Eurípedes estava ali em 'carne e osso', enquanto seu corpo, na realidade, estava em outro lugar, em meio a outras pessoas, como durante suas aulas. (ver, Jorge Rizzini, *Eurípedes Barsanulfo, o apóstolo da caridade*, Ed. Correio Fraterno e Corina Novelino; *Eurípedes, o homem e a missão*, IDE.). Fatos semelhantes a estes (bilocação) são também atribuídos a santo Antônio (ver capítulo 1) e a são Afonso de Liguore.

OBSERVAÇÃO 4.3

A aura, como foi mencionado, constitui-se de emanações fluídicas de nosso perispírito. Pode-se considerar como algo análogo aos espectros de emissão da matéria física, bem conhecido pelos físicos e químicos. Por meio destas radiações emitidas é possível analisar quimicamente um material distante, como as estrelas, e obter informações diversas como temperatura, velocidade de deslocamento etc. Há, inclusive, aplicações médicas destas emissões: observando-se as radiações infravermelhas emitidas por nosso corpo é possível diagnosticar certas doenças, cujos sintomas se traduzem por pequenas diferenças de temperatura na pele. Há outras técnicas de uso médico envolvendo radiações eletromagnéticas: raio-X, ressonância magnética nuclear etc., porém nestas não se detecta propriamente o que o organismo está naturalmente emitindo, mas a absorção de radiação emitida por uma fonte.

Capítulo 5

ANIMISMO

O nome *animismo* deriva de *anima*, do latim significando alma. Sob este nome consideramos os fenômenos relativos à alma, ou seja, ao espírito do encarnado. Os fenômenos da alma que envolvem outras almas ou espíritos são chamados de *mediúnicos* (ver capítulo 6). Como em outras situações que já comentamos, esta separação não é rígida, pois, como será visto, os fenômenos mediúnicos podem ser considerados uma continuidade dos anímicos.

Em princípio poder-se-ia dizer que tudo que se passa com o ser humano é animismo, porém o termo é limitado aos fenômenos em que a alma manifesta uma certa independência do corpo. Estas situações, de um modo geral, podem ser caracterizadas também por um certo 'desprendimento', 'desligamento' ou 'afrouxamento' do perispírito em relação ao corpo. Além destes termos, utilizam-se também os termos 'desdobramento' e 'afastamento'. Nenhuma destas palavras é suficientemente boa para descrever com precisão o fenômeno, entretanto o conjunto parece ser suficiente para esclarecê-lo. Os termos *afastamento* e *desprendimento* serão utilizados preferencialmente ao longo do texto.

O afastamento pode-se dar de uma maneira bastante variável, dependendo da intensidade e da distância em que o perispírito se afasta do corpo. Pode-se esclarecer melhor o fenômeno por meio da 'metáfora das tomadas': o corpo físico e o perispírito são como se estivessem ligados por tomadas e cabos, como nos aparelhos elétricos, tendo-se progressivamente o desligamento de tomadas e, conseqüentemente, o perispírito vai se afastando do corpo. O esquema da figura 5.1 ilustra esta comparação mostrando-se um afastamento progressivo entre o corpo e o perispírito.

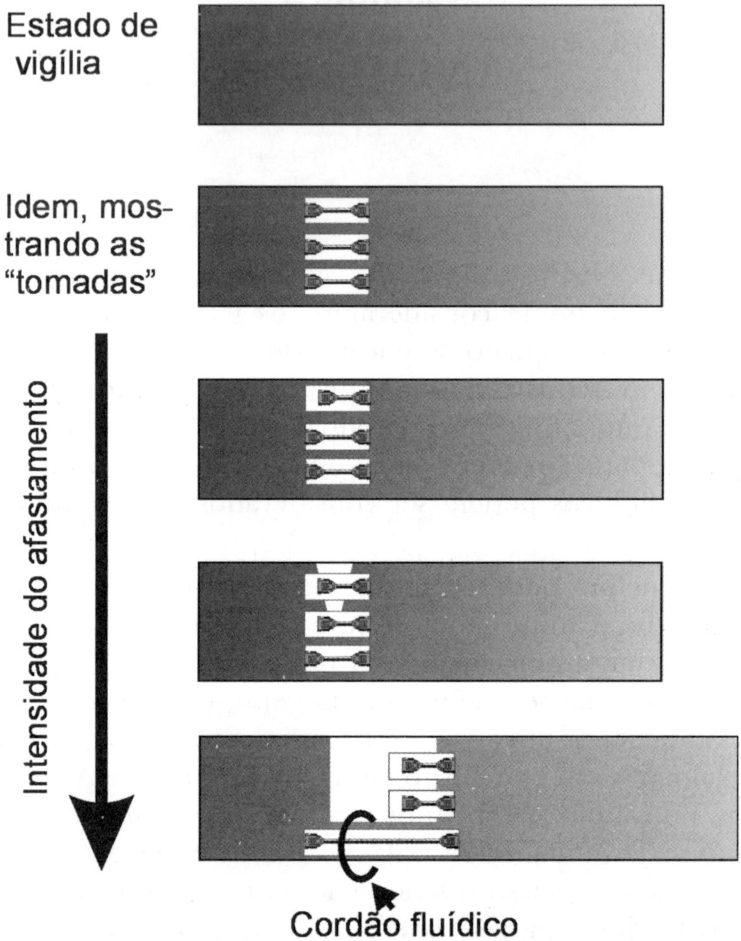

Figura 5.1 – Afastamento do perispírito. O afastamento do perispírito do corpo pode se dar de uma forma contínua e progressiva e pode ser visualizado por meio da metáfora das tomadas: à medida que o afastamento vai se acentuando, as tomadas que ligam o perispírito ao corpo, como se fossem aparelhos elétricos, vão também se desligando, permanecendo apenas a última, que constitui o cordão fluídico. (veja a fig. 4.1)

As causas do afastamento podem ser várias. Os três casos abaixo certamente abrangem a totalidade das mesmas:

1. Ocorre naturalmente com a pessoa, sem que ela queira ou mesmo sem que ela saiba o que está acontecendo. Na realidade pode haver um desejo não consciente ou uma indução por parte de algum espírito.

2. Pode ser provocado por outrem, encarnado ou desencarnado, com o consentimento da pessoa.

3. Pode ser provocado pela própria pessoa.

Caso 1

O caso 1 é o mais freqüente, sem dúvida nenhuma, pois ocorre com todos nós durante o sono ou mesmo em situações de sonolência ou vigília.

Em situações de sonolência (modorra) ou mesmo de vigília, pode haver um desprendimento natural do perispírito. Para as pessoas que desconhecem o fenômeno isto provoca muitas vezes susto, insegurança, medo etc., dependendo do que ela observa, sente, ouve etc. É uma maneira de penetrar no mundo espiritual. É como se se puxasse um pedaço da cortina que separa os dois mundos e se olhasse do 'lado de lá', como ilustra a figura 5.2. Esta situação é o início da percepção espiritual ou 'extra-sensorial'.

Durante o sono pode ocorrer um afastamento mais ou menos intenso. Neste último caso o perispírito não se afasta muito do corpo e nesta situação pode haver sonhos que refletem o próprio íntimo da pessoa: são lembranças do dia-a-dia ou de situações anteriores, guardadas na memória mais profunda, e de que não nos recordamos normalmente. Na situação de 'pleno sonho', o perispírito se afasta mais intensamente do corpo, indo aos mais diferente lugares, podendo entrar em relação com outros espíritos (encarnados e desencarnados). Entre estas duas situações de afastamento, pouco intenso e muito intenso, podem existir muitas situações intermediárias. O esquema da figura 4.2 ilustra a situação de afastamento mais intenso, em que o perispírito 'passeia' por diferentes lugares, sendo freqüentemente chamada de *desdobramento* (este termo também significa 'dividir-se em dois').

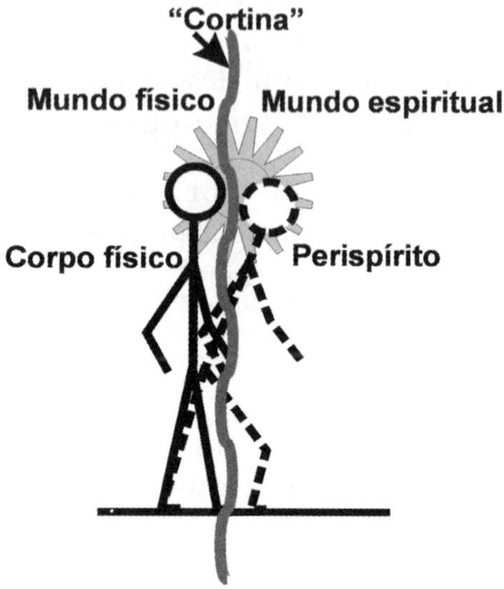

Figura 5.2 – Percepção espiritual ou extra-sensorial. Um ligeiro afastamento do perispírito permite que se olhe do outro lado da 'cortina' que separa o mundo físico do mundo espiritual.

O desejo não-consciente de voltar ao mundo espiritual quase todos nós o temos e talvez esta seja a principal razão do sonho. Ao acordar a pessoa pode ou não se recordar do que viu. Na maioria das vezes as recordações são diferentes, estranhas. Isto é devido ao fato de vivermos momentaneamente no mundo espiritual, em uma outra realidade, e, ao regressarmos ao corpo, estas visões, sensações etc. devem ser transformadas para a realidade do mundo físico. Nosso cérebro utiliza-se então dos materiais disponíveis, muitas vezes relacionados com o dia-a-dia, para descrever o que viu, sentiu etc. Daí toda esta estranheza que geralmente os sonhos apresentam. Não é sem razão que a interpretação dos sonhos, das visões, é uma atividade antiqüíssima. Aí o que se procura é encontrar o significado dos símbolos utilizados para descrever o que foi percebido, e isto não é fácil. Para uns, a água pode significar uma coisa boa, agradável, para outros, tristeza, morte, dependendo das experiências passadas de cada um e que ficaram gravadas na memória profunda.

Para melhor se compreender este processo, eis um relato que se encontra na literatura espírita e que apresentamos de forma resumida:

Mário, um dos personagens de um drama ocorrido no século 19, agora reencarnado no século 20 como enfermeiro, é chamado mentalmente por um espírito, seu desafeto. Atendendo a este apelo, Mário, desdobrando-se, vai a uma residência de uma mulher, também personagem do drama, onde também se encontra a equipe espiritual incumbida de procurar a reconciliação. O recém-chegado, ao perceber o desafeto, enche-se de ódio e quase se engalfinham, sendo impedidos pelo mentor espiritual que os abranda. Depois de vários outros acontecimentos, Mário acorda indisposto e conta o sonho à sua mãe. Diz que foi chamado e, pensando se tratar de um doente em estado grave, atende-o e vê a si mesmo...

> [...] em uma cela, mal iluminada e úmida [...] Era um perfeito cubículo de prisão, onde me surpreendi encarcerado, de repente, junto de um criminoso de mau aspecto [...] Experimentava o desejo de agredi-lo [...] Cego de incompreensível rancor, ia precipitar-me sobre ele, quando, rápido, apareceu um delegado policial, seguido de dois guardas, que entraram na contenda, impedindo-nos o mau impulso. O chefe, segundo percebi [...]

Os contendores são então separados, o outro levado para um local de refazimento e Mário volta a seu corpo físico, acordando a seguir. (*Entre a terra e o céu*, Francisco Cândido Xavier e André Luiz [espírito], Rio de Janeiro: edição FEB, caps. XIII a XIV)

A equipe espiritual não foi de início percebida por Mário e, só após a interferência da mesma (o 'delegado de polícia' e os dois 'guardas'), é que ele passou a percebê-la.

Para se conhecer o significado dos símbolos foi necessário um observador privilegiado, no plano espiritual, que depois transmitiu-nos o mesmo por um médium. Este relato nos dá também o caso do afastamento ser induzido por um espírito, durante o sono.

Sabemos que nem sempre recordamos o que sonhamos. A razão disto também deve estar em nós mesmos, bloqueando a lembrança, por alguma razão qualquer, ou mesmo induzido por outrem, assim como se pode induzir o próprio desprendimento.

Caso 2

O desprendimento provocado, com consentimento da pessoa, ocorre geralmente em reuniões próprias para esta finalidade, seja para estudo, para terapia, para rituais religiosos ou mesmo para fins não muito dignos (práticas não-espíritas).

Em sessões de estudo e trabalhos mediúnicos, o afastamento ocorre em íntima colaboração da pessoa com os espíritos que ali estão reunidos com a mesma finalidade. O perispírito afasta-se do corpo, passa a ver o 'lado de lá', ou seja, o mundo espiritual, e a entrar em relação com os espíritos. A pessoa pode sentir sensações diversas, geralmente do tipo 'desprender-se do corpo' ou 'sentir-se grande'. O que ocorre é justamente o afastamento do perispírito e isto pode ser ilustrado com os esquemas da figura 5.3. Há outras situações em que a pessoa não percebe o afastamento, é como no estado de vigília, porém esse ocorre em algumas partes do corpo, como nas mãos, permitindo assim que a pessoa possa perceber fluidos nestas partes. É o que ocorre com muitas pessoas que, ao ministrarem passes (ver capítulo 9), percebem a aura do paciente através das mãos.

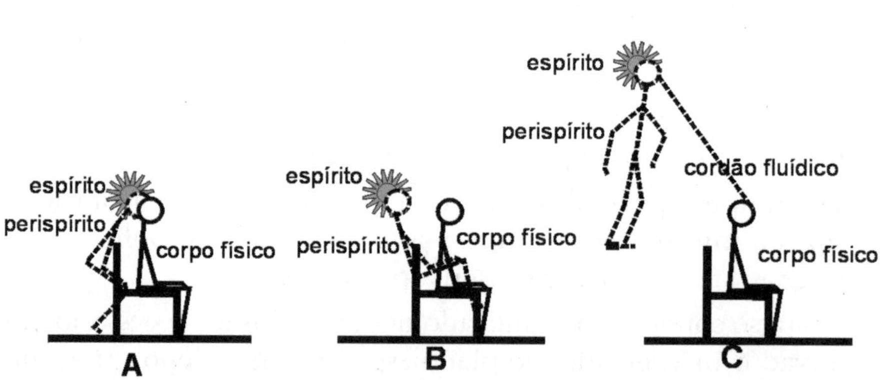

Figura 5.3 – Afastamento do perispírito. Nas situações indicadas por A e B, os afastamentos são semelhantes, porém as sensações percebidas serão certamente diferentes. Em C já há um afastamento mais intenso (desdobramento), com sensações também diferentes dos casos anteriores.

Nestas sessões, o que quase sempre se procura é justamente o relacionamento com outros espíritos, por isto o tema será retomado no capítulo 6.

No afastamento do perispírito em relação ao corpo pode acontecer uma outra situação: o espírito ter acesso a sua memória profunda, podendo até se recordar de vidas passadas, quando encarnado ou desencarnado. Note então que o espírito afastado do corpo pode divisar dois mundos: o espiritual e o seu próprio íntimo. Dois mundos complementares. É isto o que ocorre na chamada terapia de vidas passadas (TVP), em que a recordação de certas situações do passado pode auxiliar o paciente na superação de certos traumas ou desajustes psíquicos.

Caso 3

O desprendimento pode ser provocado pela própria pessoa, de forma consciente. Isto no entanto requer um certo treinamento. É uma situação de risco, principalmente quando ela não procura se cercar de espíritos (encarnados e desencarnados) experientes e que podem auxiliar em alguma eventualidade. O desprendimento, neste caso, pode ser comparado a um balão cativo, preso por uma corda, que pode ficar ao sabor da brisa ou da tempestade (veja as recomendações sobre as reuniões mediúnicas apresentadas no capítulo 6).

O cordão fluídico

Em todas as situações acima descritas, o desprendimento do perispírito é parcial, ou seja, apenas uma parte do mesmo é que se afasta do corpo. Uma parte fica junto ao corpo, possivelmente a mais densa, uma parte é o *cordão fluídico* e uma outra, possivelmente a mais sutil, acompanha o espírito (ver Cap. 4). Isto mostra justamente a plasticidade do perispírito e sua capacidade de ser moldado pelo espírito. O rompimento do cordão fluídico só ocorre quando do esgotamento do corpo físico, ou seja, na morte. Haja vista que ela não ocorre durante o desprendimento. Se alguém mexer no corpo, o espírito retorna imediatamente a ele. É o que acontece quando estamos sonhando e alguém (ou o despertador) nos chama. Espíritos que porventura nos querem fazer mal, podem até fazê-lo (ação de perispírito para perispírito) mas nunca podem romper este cordão fluídico. Um exemplo disto é quando acordamos sentindo algum mal-estar físico após um pesadelo. O perispírito sofreu um agressão fluídica que pode chegar a se manifestar no corpo físico. Daí a recomendação de Jesus: "Vigiai e orai."

A ação do espírito sobre o perispírito

Já foi mencionado várias vezes que o espírito pode moldar seu perispírito a sua vontade. Essa é uma característica muito importante e necessita ser melhor entendida. Um espírito com um certo nível de conhecimento pode, por meio de sua vontade, alterar seu perispírito. Muitas vezes o faz de forma inconsciente. Há diversos relatos sobre estas modificações na obra de André Luiz, inclusive ocorridos com ele próprio (nos livros *Libertação* e *Sexo e destino*, ambos de Francisco Cândido Xavier e André Luiz [espírito], Rio de Janeiro: edição FEB).

A ação da vontade necessita também de conhecimento. Se quisermos dirigir um automóvel, ele nos levará a muitos lugares, porém é necessário *saber* dirigi-lo, não basta querer. Assim também nossas emoções podem tolher nossa ação, nossa vontade, nosso discernimento. É só observar os motoristas em um trânsito confuso. O caso que se transcreve ilustra as afirmações:

> **Sobre as propriedades do perispírito: *um caso interessante***
> RAFAEL RAMOS TUBINO E AÉCIO PEREIRA CHAGAS
>
> Kardec, em suas obras, bem como outros autores espíritas, encarnados e desencarnados, têm-se manifestado sobre as propriedades do perispírito e que ele é a chave para o entendimento dos fenômenos espíritas (Vide *Antologia do perispírito*, José Jorge, Instituto Maria, Juiz de Fora, 1983). Um ponto a ressaltar é a plasticidade do mesmo frente ao pensamento. Transfigurações, aparições, materializações etc. evidenciam bem esta característica do perispírito. Há que se considerar no entanto a complexidade de nosso pensamento, que pode gerar a grande diversidade dos fenômenos. É importante frisar que quando falamos em pensamento referimo-nos a toda nossa atividade espiritual e não apenas ao nosso raciocínio

> consciente. O caso que vamos relatar exemplifica bem a ação do pensamento, principalmente das emoções, sobre o perispírito (evidentemente os nomes são fictícios):
>
> Daniel (17 anos) é um jovem descrente da realidade espiritual e um dia, na casa de Geraldo (20 anos), começa a ter visões de pessoas que outros não viam. Aconselhado por este último, procura Renato (16 anos), colega de escola, que é espírita e, com a ajuda de outras pessoas, também espíritas, conseguem esclarecer e acalmar Daniel.
>
> Dois dias depois, na escola, Daniel está sentado com Renato no pátio da mesma. Daniel começa a ter novamente visões e a se emocionar, dizendo a Renato o que vê: sente atravessar a parede, vê-se na rua, frente à escola, dirigindo-se para o lado direito (onde não costuma passar, ao contrário de Renato, que fazia este caminho). Daniel vai contando o que vê, sendo confirmado por Renato, que pede para que ele volte. De repente Daniel diz “<?>a preto”, o qual atinge sua perna e, espantado, começa a dizer que está machucada. Renato insiste de novo para que Daniel volte, e este, retornando, atravessa a parede e senta-se onde estava seu corpo, sem reclamações. No momento em que Renato pergunta a Daniel sobre sua perna, ele grita “Ai!, que dor insuportável.” Renato observa então que a perna está vermelha e começa a improvisar um passe no local, mentalizando a troca dos fluidos maus por bons. Em pouco tempo Daniel não se queixa mais da dor, dizendo apenas permanecer um incômodo, e estando em condições de se levantar e prosseguir suas atividades.
>
> Este caso, como dissemos anteriormente, é bem ilustrativo da ação do pensamento (inclusive das emoções) sobre o perispírito: Daniel atravessou a parede (por duas vezes) sem problemas, porém, na rua, sentiu o automóvel ‘atropelá-lo’. Acreditamos haver casos semelhantes a este, narrados na literatura espírita e espiritualista em geral, além de ocorrências não relatadas, do conhecimento dos leitores, e cremos que estes relatos seriam de grande importância para o estudo das propriedades do perispírito. (Publicado na *Revista Internacional de Espiritismo*, abril/1996, p. 80)

Um outro caso semelhante que nos foi relatado: o espírito de um senhor, durante o sono, desdobrou-se e ‘perambulou’ pela casa (achava que estava acordado). Quando passou diante do espelho, não viu sua imagem. Assustou-se e quis voltar para a cama (para o corpo) e 'bateu' com o nariz na porta (que estava fechada). Acordou com o nariz vermelho e doendo.

Sonambulismo

O sonambulismo é o afastamento intenso (desdobramento) do perispírito, como no sonho, porém a pessoa (o sonâmbulo) pode, neste estado, comunicar o que vê, o que ouve, o que sente e mesmo se movimentar. Este foi originalmente o significado de sonâmbulo, porém com o uso o termo se popularizou e adquiriu o significado de pessoa desconexa.

Na realidade, as pessoas que se levantam da cama e saem andando pela casa, voltam para a cama e, quando acordam, não se lembram direito do que fizeram são sonâmbulos naturais, sem o devido autocontrole.

O espírito afastado do corpo

Recapitulando o que já foi mencionado, o espírito pode se afastar do corpo mais ou menos intensamente e, como conseqüência, pode se comportar de formas diversas, conforme as circunstâncias. Podem-se considerar três situações que ocorrem separadamente ou combinadas:

espírito volta-se 'para dentro de si'.

espírito volta-se 'para fora de si'.

espírito entra em relação com outros espíritos.

O caso de o espírito voltar-se 'para dentro de si' é quando o mesmo passa a ter acesso a sua memória mais profunda, recordando, às vezes de forma muito intensa, o seu passado. Pode se recordar da infância, de seu nascimento, do período de sua gestação, de outras encarnações (vidas passadas) ou de sua estada no plano espiritual.

Com o afastamento do corpo o espírito pode voltar-se 'para fora de si'. É a situação de olhar do outro lado da 'cortina' (figura 5.2), vendo então o 'lado de lá'.

Por último, o relacionamento com outros espíritos (encarnados ou desencarnados), constituindo o fenômeno da mediunidade, que será tratada no capítulo 6.

Estas situações, como foi mencionado, podem ocorrer também combinadas entre si.

Um outro caso interessante

Este caso foi relatado pelo médico Matheus Marim, de Campinas, em uma conferência durante o Simpósio Mente-Matéria, realizado na Unicamp em 1983. O que se segue é um resumo:

> Um rapaz, AB, estudante em Campinas, família residente em Limeira, iniciou um tratamento homeopático para seus diversos problemas.
>
> Após algum tempo de ter iniciado o tratamento, tomou seu carro para ir de Campinas a Limeira (65 km) pela Via Anhangüera. Após ter rodado alguns quilômetros na estrada, viu-se em um barco numa violenta tempestade no mar. Ventos, ondas, água, o barco ao sabor dos elementos, longos minutos de agonia e desespero. Finalmente a tempestade foi se amainando, se acalmando, o perigo passando e AB percebe então que estava chegando em casa! Obviamente muito assustado. Veio dirigindo por uma das estradas mais movimentadas do país sem percebê-la. De início evitou, mas acabou relatando o ocorrido à mãe. Esta, muito assustada e admirada, diz que, quando estava grávida de AB, foi realmente passear de barco e passou pela situação que ele contou.
>
> AB, depois disto, ficou curado dos problemas que inicialmente apresentava.

🕮 EXERCÍCIOS

5.1 – Procure lembrar-se de situações ocorridas com você que podem ser caracterizadas como animismo (sonhos, desprendimentos conscientes, visão do próprio corpo etc.). Se houver muitas, procure classificá-las.

5.2 – Procure ler no original a narrativa do sonho (*Entre a terra e o céu*, Francisco Cândido Xavier e André Luiz [espírito], Rio de Janeiro: edição FEB, caps. XIII a XIV) e procure encontrar, na obra, outros símbolos, além do 'delegado de polícia'.

5.3 – Considere os três casos apresentados neste capítulo. Em quais situações o espírito desprendido voltou-se 'para dentro se si' ou entrou em relação com outros espíritos?

5.4 – Leia as questões 425 a 438 em *O livro dos espíritos* e o item 6, Cap. XVI, em *O livro dos médiuns* (ambos de Allan Kardec), e faça um resumo sobre *médiuns sonambúlicos*.

Capítulo 6

MEDIUNIDADE

A mediunidade é a faculdade que os espíritos têm de se comunicar conosco. A pessoa que serve de intermediário nesta comunicação é chamada de *médium* (do latim: "o que está no meio"). Todas as pessoas sofrem influência dos espíritos, porém costuma-se aplicar o termo às pessoas que apresentam esta faculdade de maneira ostensiva.

A mediunidade é também a principal ferramenta para se conhecer o mundo espiritual. É por intermédio das comunicações com os espíritos que ficamos conhecendo as propriedades do perispírito, o animismo, a própria mediunidade, enfim a vida no mundo espiritual. Daí a importância de seu estudo.

As relações que um espírito pode manter com outros durante o sono, como foi mencionado no capítulo 5, enquadram-se no que será discutido da mediunidade em geral.

Por comunicação entende-se aqui a transmissão de idéias, imagens, sensações etc., do mundo espiritual para o mundo físico. Por exemplo, no caso do sonambulismo, visto no capítulo 5, quando o espírito desprendido do corpo nos diz que vê um determinado objeto, está também fazendo uma comunicação. Entretanto, são de maior interesse as comunicações que envolvem também uma entidade espiritual, principalmente quando esta nos transmite alguma idéia. São estes casos que serão mais enfatizados.

Então, a comunicação mediúnica é um processo de transmissão de idéias que provêm de alguém que está no plano espiritual e é regida pela lei de afinidade. A idéia chega ao nosso plano por meio do médium. Essencialmente a comunicação segue o seguinte caminho: a idéia passa do espírito para o perispírito da entidade que está no plano espiritual, de seu perispírito passa para o perispírito do médium, daí externa-se por meio de seu corpo físico na forma de gestos, fala, escrita, visão etc. O esquema da figura 6.1 serve para ilustrar este processo.

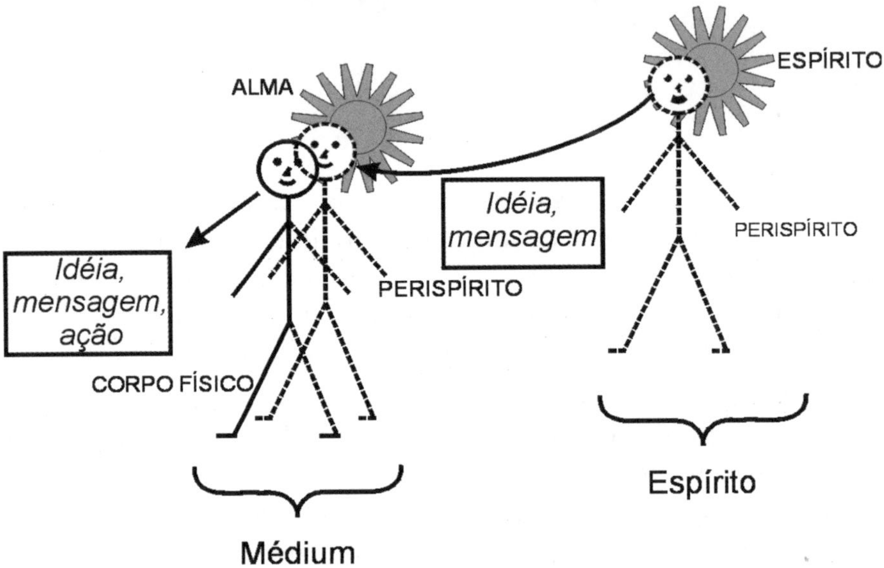

Figura 6.1 – Esquema de uma comunicação mediúnica. A idéia ou mensagem é transmitida de uma individualidade para outra, de perispírito a perispírito.

O que chamamos idéia pode ser um pensamento, uma sensação, um sentimento, ou seja, qualquer coisa que se passa em nossa mente e que possa ser comunicada. O estado do espírito que comunica não importa, podendo inclusive estar encarnado. A idéia passa a seu perispírito, ou seja, se 'externa' (não temos um termo melhor). Este 'externamento' pode ser dirigido a um outro determinado perispírito ou pode ser geral. Seria como se estivesse falando para uma determinada pessoa ou para um certo público. De qualquer forma o 'interlocutor' é outra entidade: o(s) médium(ns). A mensagem, a idéia, é então captada pelo perispírito do médium. Note que a mensagem vai de perispírito para perispírito. O perispírito do médium a envia para seu corpo físico que a exterioriza nas mais diversas formas: por meio do sistema nervoso motor, produzindo movimentos, inclusive das mãos que podem escrever ou desenhar, por meio do sistema fonador, produzindo fala ou mesmo canto, por meio de seu sistema auditivo, produzindo no médium a audiência, por meio de seu sistema neuro-óptico, produzindo visões etc.

É importante frisar que o espírito do médium controla seu perispírito e, por meio deste, o corpo físico. Sem a permissão do médium a mensagem não se exterioriza. Evidentemente seu espírito pode controlar e mesmo interferir na mensagem de vários modos. Se a mensagem tem uma certa complexidade e o cérebro (ou o mesmo a alma) do médium não é capaz de compreendê-la, pode haver bloqueios, distorções, dificuldades para sua exteriorização. Também o médium, por razões diversas, pode acrescentar, truncar ou alterar elementos da mensagem, às vezes de forma consciente, outras, inconsciente. Este fenômeno, como está associado à alma do médium, é considerado um fenômeno anímico e comumente chamado de *animismo*, porém agora este termo deve ser entendido neste sentido bem restrito. Para ele ser contornado, minimizado, é necessário uma certa disciplina por parte do médium, sobre a qual falaremos depois, e um certo controle, baseado principalmente no conhecimento dos médiuns, por parte dos que recebem as comunicações.

Como o fenômeno mediúnico é constituído de diversas etapas e em cada uma delas pode haver variações dependentes das vontades do médium e do comunicante, além daquelas dependentes do 'equipamento' (perispíritos e corpo físico), é de se esperar também uma grande variabilidade do próprio fenômeno, uma enorme riqueza em que ainda há muito a se pesquisar.

Como foi mencionado no capítulo 5, os desprendimentos do espírito podem ser inconscientes, como certos sonhos dos quais não recordamos nada. Nestes casos, quando o espírito desprendido entra em relação com outro, ele pode também atuar como médium: são os chamados *médiuns inconscientes*, que não se recordam do ocorrido ao voltarem a seu estado de vigília (estado 'normal').

Foi visto que a transmissão de informações pode-se dar por dois caminhos: o primeiro deles é anímico, ou seja, o perispírito se afasta do corpo, passa a perceber o mundo espiritual, 'vendo' ou 'ouvindo', e nestes casos dão-se a estes fenômenos os nomes de *clarividência* ou *clariaudiência*, respectivamente. No segundo caminho, o perispírito do médium entra em relação com outro espírito, o qual passa idéias, informações que o médium tem a sensação de ver ou de ouvir, e os fenômenos são chamados respectivamente de *vidência* ou *audiência*.

É importante frisar que o espírito vê e ouve o encarnado.

Reuniões mediúnicas

Reuniões com a finalidade de se entrar em contacto com os 'mortos', pelas mais diversas razões, estão entre as atividades mais antigas do ser humano. Modernamente estas atividades constituíram-se também em uma forma de estudo do próprio ser humano, uma vez que ele não habita apenas este 'lado de cá'. As sessões ou reuniões de estudo começaram a ser feitas de maneira sistemática e organizada pelo prof. Rivail, mais conhecido pelo seu pseudônimo Allan Kardec (vide apêndice 2).

Estas reuniões essencialmente consistem de várias pessoas que ali estão com o sério propósito de aprender, estudar, colaborar com o seu semelhante naquilo que for razoável, dentro dos preceitos de amor ao próximo (vide adiante).

O número de pessoas em uma reunião de estudos mediúnicos é muito variável também. Depende de uma série de condições e do relacionamento entre as próprias pessoas. É recomendável que um grupo que se inicia deva ter algo em torno de cinco a sete pessoas, podendo com o tempo aumentar. É importante que haja sempre pelo menos uma ou duas pessoas com mais experiência (uma delas deve dirigir a reunião) e conhecimento, principalmente quando os outros são iniciantes.

Da mesma maneira que não se recomenda que estudantes novatos (calouros) entrem sozinhos em uma laboratório de química, pois certamente de sua inexperiência e curiosidade surgirão situações imprevistas que poderão levar a acidentes, com mais razão ainda em uma sessão mediúnica.

O esquema geral da reunião mediúnica, organizada segundo os preceitos espíritas, pode ser o seguinte: um instante inicial de recolhimento, uma prece, estudo teórico relativo à própria atividade, concentração para que possa haver oportunidade de manifestações, reequilíbrio fluídico, encerramento com uma prece e agradecimento aos espíritos que colaboraram na atividade. Outros esquemas e outras situações também são possíveis, porém nos restringiremos a este.

O instante inicial de recolhimento é feito para que cada um dos presentes deixe de lado suas outras preocupações e passe a se ocupar com a atividade que se inicia. É algo que sempre se faz quando se inicia uma atividade qualquer que exija concentração e atenção. É só nos observarmos em nossas atividades diárias, ou, se preferirem, observe as reportagens sobre eventos esportivos: o recolhimento do piloto de corrida antes da largada, a mesma atitude antes do nadador à espera do sinal para o mergulho etc. Exemplificou-se com as atividades esportivas pelo fato de elas serem também movimentos do corpo, ou seja, algo bastante visível e perceptível. Nos ônibus, apesar do caos do trânsito, há sempre um aviso para não se conversar com o motorista. Nos ambulatórios, hospitais e outros locais onde se realizam curativos, exames, cirurgias, as salas guardam uma rigorosa assepsia. Nas salas de controle dos aeroportos é vedada a entrada de curiosos. Em todos estes lugares procura-se manter afastadas pessoas que não ajudam e que podem atrapalhar. Deseja-se o mesmo em uma reunião mediúnica séria e com bons propósitos. Deseja-se também a presença dos espíritos sérios e com bons propósitos. E como eles podem comparecer? Por meio de uma prece, rogando-se com todo sentimento a presença desses mensageiros elevados na moral (principalmente) e no conhecimento para cooperarem conosco em nosso aprendizado. Se realmente nossos sentimentos forem estes, eles virão.

O que chamamos, acima, de "concentração para que possa haver manifestações" é ainda um recolhimento de nossa parte para que haja o afrouxamento do perispírito e, portanto, a interação perispírito-perispírito. Evidentemente em um grupo espírita que se inicia, raramente acontecem comunicações de imediato, a não ser que algumas das pessoas presentes já sejam médiuns devidamente treinados. É necessário um certo tempo para que se desenvolva também uma certa familiaridade espiritual (para não se falar de afinidade). É também um teste de paciência para se ter certeza da seriedade de nossos propósitos. Com o passar do tempo poderão surgir manifestações e haverá muito o que se aprender com elas.

A reunião deve ser encerrada em um horário previamente combinado (no total, não deve passar de duas horas). Ao se encerrar, a pessoa que dirige deve pedir a todos que voltem a assumir o controle de seu corpo e perguntar, um a um, se está bem e se 'está de volta'. É importante que os presentes readquiram o equilíbrio fluídico, o religamento dos perispíritos com seus respectivos corpos físicos (vide capítulo 5). É fundamental esta rearmonização para que não haja seqüelas. Normalmente, em alguns instantes, o médium recupera seu controle e, quando há certa dificuldade, é necessário ministrar um passe no mesmo (ver capítulo 9). Por isto é necessário, frisamos, que no grupo haja uma ou mais pessoas já com experiência destas atividades.

A prece de encerramento é uma forma de externar nossa gratidão pela cooperação dos espíritos na reunião.

É fora dos propósitos desta obra ser um manual de trabalhos mediúnicos. O leitor mais interessado poderá consultar *O livro dos médiuns*, de Allan Kardec, e os muitos outros compêndios que existem na bibliografia espírita. A figura 6.2 traz um esquema em que se mostram os dois planos em uma reunião mediúnica.

Figura 6.2 – Uma reunião mediúnica, em que se mostra os dois planos: o físico e o espiritual.

Disciplina

Conta-se que Francisco Cândido Xavier, o mais renomado médium do século 20, no começo de sua atividade mediúnica, recebeu o convite de seu mentor espiritual, Emmanuel, para a realização de seu trabalho de psicografia. O médium disse que estava disposto e perguntou o que era necessário para o bom desempenho da tarefa. Emmanuel respondeu: "Três pontos básicos para o Serviço"... "Qual é o primeiro?", perguntou. "Disciplina". "E o segundo?", "Disciplina". "E o terceiro?", "Disciplina" (*Lindos casos de Chico Xavier*, Ramiro Gama, 7ª ed., p. 61, São Paulo: edição LAKE).

Entendemos por disciplina a obediência *consentida* a determinados preceitos para a realização de uma atividade. Grifamos a palavra *consentida*, pois ela não é obrigatória, mas deve ter a nossa concordância, o que significa também a nossa cooperação e interesse, diferentemente do que ocorre em sistemas militares e congêneres, em que muitas vezes a disciplina é imposta.

Em cada atividade que exige disciplina, existem preceitos, normas, regras, próprios desta atividade, e que geralmente foram elaborados pela experiência. Nas atividades mediúnicas existem preceitos de ordem material, como as condições do ambiente, preceitos de ordem intelectual, como conhecer a teoria espírita, e preceitos de ordem moral, como a seriedade e honestidade de propósitos, que talvez sejam os mais importantes.

Historicamente isto já é conhecido há muito tempo: veja, por exemplo, na Primeira Epístola de Paulo aos Coríntios, capítulos 12 a 14. Em algumas traduções utiliza-se o termo *dons do espírito santo*, em outras, *carisma* (que pode ser traduzido por dons espirituais), palavra que, na época, Paulo utilizava para designar o que hoje chamamos de mediunidade.

Controle da mensagens

As mensagens recebidas em um sessão mediúnica necessitam ser analisadas. Esta análise deve levar em conta a circunstância (o médium e as outras pessoas presentes, seu relacionamento etc.) e o conteúdo. Evidentemente a qualidade e o tamanho da mensagem variam durante uma reunião e conforme o tipo de mediunidade envolvido (psicografia, psicofonia etc.). Kardec nos deixou os critérios para análise e aceitação das mensagens, que podem ser assim resumidos:

1. concordância entre o conteúdo das mensagens, que devem ser transmitidas por diversos médiuns, que se desconhecem, no que se refere a seu próprio trabalho (universalidade dos ensinamentos);

2. o conteúdo não deve contradizer o que já está firmemente estabelecido (coerência com o estabelecido);

3. a linguagem deve corresponder aos propósitos da mensagem (pensamentos elevados devem estar associados a linguagem clara, concisa, elevada).

Nem sempre os três critérios são satisfeitos imediatamente. Ao se receber uma mensagem que traz alguma novidade aos presentes e que, portanto, não satisfaz apenas o critério 1, esta não deve ser desconsiderada. Deve ser posta 'na gaveta', ou mesmo divulgada para análise. É possível que a mesma já se encontre na literatura, tenha sido transmitida em outro local e não amplamente divulgada ou ainda que venha a ser transmitida em outro local por meio de outros médiuns.

Uma outra questão que muitas vezes se levanta é a da identificação do espírito que envia a mensagem. Como Kardec afirmou, o nome é secundário, o que importa é a mensagem em si: conteúdo, linguagem etc., porque revelam a natureza do espírito e seu intuito com a comunicação.

Aspectos morais

O fenômeno mediúnico tem fortes implicações morais, embora ele em si não tenha nada a ver com a moral. Médiuns de vida desregrada podem ser bons veículos de comunicação. As implicações a que nos referimos prendem-se aos espíritos presentes, que evidentemente predominam na reunião, e as conseqüências que daí advêm. Pessoas com bons propósitos morais atraem espíritos de elevada moral. Pessoas sem bons propósitos morais atraem espíritos semelhantes. É a lei de afinidade. Espíritos brincalhões, levianos, maldosos etc. podem conturbar uma reunião e trazer, inclusive, seqüelas imprevisíveis aos presentes, de ordem física (inclusive nervosa), psíquica e moral. Muitas vezes estes espíritos não conturbam a reunião com galhofas, movimentos inoportunos etc., mas podem trazer mensagens e orientações aos presentes que levarão a conseqüências mais desastrosas.

Outro aspecto moral do fenômeno mediúnico é a obsessão (ver adiante).

A Prece

A prece é uma forma de comunicação, na maioria das vezes de uma só via, ou seja, de nós para os planos mais elevados. É uma mensagem que enviamos à espiritualidade superior e esta nos atende da forma que melhor necessitamos. Vamos explicar melhor: se a prece é um pedido, seremos atendidos naquilo que mais convém a nós, o que nem sempre é o que pedimos.

Em *O evangelho segundo o espiritismo*, de Allan Kardec, os capítulos XXVII e XXVIII tratam da prece. Aconselhamos a sua leitura.

Este importante tema será retomado no capítulo 9.

Obsessão

Primeiramente, é necessário considerar alguns aspectos das relações humanas. Devido às imperfeições morais, muitos de nós procuramos dominar outro semelhante, pelos mais variados motivos. E isto independe do estado em que se encontram os espíritos, ou seja, podem estar encarnados ou desencarnados. Há então quatro possibilidades:

I. uma pessoa querendo dominar outra;

II. um espírito querendo dominar outro;

III. uma pessoa querendo dominar um espírito; e

IV. um espírito querendo dominar uma pessoa.

O caso I é o mais visível. Vemos isto todos os dias e em todos os lugares. Entre indivíduos isolados ou envolvendo grupos, ou seja, um grupo querendo dominar outro. A história da humanidade é pródiga em tiranos. Este caso, envolvendo apenas encarnados, não será aqui tratado.

O caso II nos escapa à análise direta. É necessário contar com os recursos da mediunidade para tomarmos conhecimento do mesmo. Muitas vezes é a continuação de um relacionamento iniciado no plano físico. A literatura espírita contém bastante relatos de situações deste tipo, inclusive espíritos modificando, por ação hipnótica, o perispírito de outro (ver, por exemplo, *Libertação*, Francisco Cândido Xavier e André Luiz [espírito], edição FEB).

O caso III é também muito comum e muitas vezes decorre da ignorância que temos sobre a morte e sobre a vida espiritual. Pessoas que não se conformam com a perda de entes queridos e desejam a todo custo que eles permaneçam a seu lado, são um exemplo desta dominação mental que 'escraviza' o espírito à pessoa, impedindo, muitas vezes, o desencarnado de continuar sua vida alhures. Outras vezes a magia, em suas mais diferentes formas, inclusive envolvendo cultos religiosos, tem este aspecto: o mago (ou outro termo qualquer, mas na realidade um médium) é alguém que invoca um espírito 'que lhe presta serviços'. Por diversas razões este espírito se submete à vontade do encarnado, que o domina.

O caso IV, chamado de *obsessão* (se bem que este nome é às vezes estendido também às outras situações), é o do espírito querendo dominar um encarnado. Iremos aqui nos deter com mais atenção, pois no mesmo é flagrante a mediunidade, já que o que quer dominar atua sobre o outro da mesma maneira descrita quando se deseja transmitir uma mensagem. O espírito atua no encarnado (perispírito a perispírito) transmitindo idéias que provocam pessimismo, depressão, medo etc., inclusive gerando mal-estar físico, quadros mórbidos, doenças etc. Não vale a pena prolongar a lista que seria demasiado longa.

Dissemos acima que esta relação de domínio deve-se às nossas imperfeições morais, não apenas daquele que deseja dominar (espírito), mas também do dominado (encarnado), pois o primeiro só consegue seu intento devido às fraquezas morais do outro (afinidade). Quais seriam estas fraquezas e qual sua origem? Nossa principal fraqueza moral é o egoísmo. A maior parte das demais deriva-se dele. Expliquemos por meio de um exemplo esquemático, montado com elementos reais da literatura espírita. A e B eram irmãos e viviam juntos. Com a morte dos pais coube a eles, por herança, uma fazenda. No princípio, A e B compartilharam a direção da mesma, porém com o tempo A quis se tornar o dono de tudo, desculpando-se consigo e com os outros que o irmão era um vagabundo. A ludibriou o irmão e conseguiu seu intento. B falece doente e abandonado em um hospital. Após algum tempo, B, em espírito, volta ao círculo familiar e começa a assediar A. Este agora é tocado pelo remorso, sente culpa, medo. B, instigado por outros espíritos, começa a perturbar A para induzi-lo ao suicídio, procurando uma vingança do ato do irmão. A ação de B sobre A é possível devido a seu desvio moral. B também está sendo movido pelo egoísmo, pelo orgulho, qualidades impulsionadoras da vingança. B conta, inclusive, com a ajuda de outros espíritos do mesmo padrão, para auxiliá-lo nesse propósito de vingança.

Como poderá este caso se desenvolver?

Não é difícil prever, considerando que a atitude moral íntima de cada um não se modifique: B irá encurtar a vida de A, ou por meio do suicídio, ou debilitando sua saúde. No plano espiritual ambos continuarão engalfinhados até que se extenuem e, graças à misericórdia divina, poderão reencarnar novamente para se reconciliarem... ou, o que infelizmente não raro acontece, repetirem o mesmo erro.

Não seria possível alterar o processo?

Sim. É possível. Aí é que entra a ajuda de outros espíritos, nos dois planos da vida, para tentarem mudar o rumo das coisas. Como? Tentando mostrar a A e B suas falhas morais e ajudá-los a corrigi-las. À medida que um deles, pelo menos, reconhecer suas imperfeições e começar a corrigi-las, o processo obsessivo irá cessando e o desenvolvimento do caso, como acima mencionado, poderá tomar um outro rumo menos doloroso.

Como é feita esta ajuda?

O encarnado precisa ser esclarecido de suas falhas morais. Não basta alguém dizer a ele isto. É necessário que ele as reconheça e que se empenhe na sua própria modificação. O egoísmo de A se traduz, inclusive, no desejo de posse de bens materiais. À medida que ele se dispuser a compartilhar alguma coisa sua com alguém (não importa quanto, mas como), e persistir em ações deste tipo, ele começa então a dar seus primeiros passos. É seu sentimento que necessita estar envolvido neste processo, e não apenas o ato material. O desencarnado precisa perceber que a vingança não levará a nada e isto pode ser feito mostrando-lhe as conseqüências de seus atos, em cumprimento da lei de causa e efeito (ver adiante, capítulo 10). Em outros termo, B precisa perdoar e seu esclarecimento pode ser feito no plano espiritual, pelos espíritos mais esclarecidos, ou também contando com a ajuda de encarnados (médiuns), por meio dos quais o espírito conversa com alguém que o esclarece com os mesmos argumentos. Esta última tarefa em que participam os encarnados (esclarecimentos de A e B) é chamada de *desobsessão*.

Nem sempre os processos de vingança são da forma descrita acima. Podem ocorrer de forma mais sutil e, talvez por isto, mais difícil até de perceber. Há casos em que o obsessor não atua diretamente naquele que é o objeto de sua vingança, mas em outros próximos (amigos, familiares). Há casos em que o obsessor atuava em outras pessoas para facilitar a carreira profissional de seu desafeto, o qual não tendo uma estrutura moral à altura, fatalmente cairia 'lá de cima' (nosso orgulho é o nosso maior inimigo).

Talvez a obsessão/desobsessão seja um dos melhores exemplos das conseqüências morais da mediunidade. O exercício da mediunidade realizado sem conhecimento e de maneira leviana é um convite à obsessão.

Além desses casos mencionados, de indivíduo para indivíduo, há também a *obsessão coletiva*. Esse termo é aplicado quando um grupo de espíritos atua sobre um grupo de encarnados com a intenção de exercer algum domínio. É um fenômeno bem mais complexo, envolvendo relações múltiplas entre os dois grupos envolvidos, além das relações dentro de cada um. Há na *Revista Espírita*, anos de 1862 a 1865, diversos casos de obsessão coletiva, descritos e analisados por Allan Kardec, sendo o da aldeia de Morzine (sudoeste da França) o mais detalhado. Não é raro na imprensa surgirem relatos de 'fatos misteriosos' envolvendo algum grupo de pessoas ou mesmo uma comunidade, alguns dos quais bastante trágicos.

🕮 EXERCÍCIOS

6.1 – O fenômeno mediúnico caracteriza-se por uma grande variabilidade. Com base no que foi exposto neste capítulo e no capítulo 4, apresente algumas razões que expliquem esta variabilidade.

6.2 – Faça uma descrição de uma comunicação mediúnica, utilizando apenas palavras, baseando-se na figura 6.1.

6.3 – Um médium sonambúlico 'que vê' é vidente ou clarividente?

6.4 – Releia, no capítulo 1, os casos históricos e reanalise-os com base no que já foi estudado no capítulo 4 e neste capítulo.

6.5 – Em uma reunião mediúnica, além da aplicação da lei de afinidade nas etapas do processo mediúnico propriamente dito, há outras situações em que ela se aplica?

6.6 – No caso de obsessão mencionado, não estaria havendo uma desobediência da lei de afinidade, uma vez que B odeia A? Explique. Lembrar uma afirmação de Emmanuel: "O ódio é um amor que enlouqueceu."

6.7 – Nos chamados 'despachos', muitas vezes os encarnados solicitam aos desencarnados a realização de atos, nem sempre muito dignificantes, contra outras pessoas. Isto funciona? Analise a situação utilizando a lei de afinidade.

6.8 – Um determinado grupo, em reunião mediúnica, recebe uma mensagem psicográfica, em uma linguagem muito sublime, exortando os presentes à prática da caridade e assinada por Francisco de Assis. Um dos presentes, sr. Tomé, questiona a autenticidade da mensagem por achar que um espírito desta elevação não se comunicaria por meio de um 'médium novato' e com imperfeições morais. Analise o *questionamento* do sr. Tomé, considerando inclusive a lei de afinidade.

Capítulo 7

FLUIDOS – II

O tema fluido é de vital importância para se compreenderem os fenômenos espíritas, daí a razão de se voltar a ele.

Um exemplo bem descrito desta ação encontra-se em *O livro dos médiuns* (2ª parte, Cap. VII – *Da bicorporeidade e da transfiguração*, nº 116 e Cap. VIII – *Do laboratório do mundo invisível*): um senhor, que tinha o hábito de usar rapé de uma tabaqueira que sempre portava consigo, aparece a uma senhora sua conhecida. A senhora estava acordada e a alma deste senhor, desprendida do corpo, tornou-se visível a ela ('materializou-se', como se costuma dizer), portando inclusive sua tabaqueira e tirando pitadas do rapé. Interrogado por Kardec sobre o fato, o espírito são Luís explica que as roupas, e em particular a tabaqueira, são construções mentais do espírito para auxiliar sua identificação. A tabaqueira foi construída pela vontade, pelo pensamento do espírito atuando sobre os fluidos, que se transformaram, formando aquele objeto. Como a matéria física, os fluidos são capazes de se condensarem, tornarem-se tangíveis, se transformarem e também seguirem o caminho contrário. Essa 'química dos fluidos' está ainda muito longe de ser conhecida por nós, profundamente.

É freqüente utilizarmos *fluido* (no singular) ou *fluidos* (no plural). O termo no singular refere-se, em certos casos, por simplificação, ao fluido cósmico universal, o qual se modifica em infinitas formas, inclusive na própria matéria, pela ação dos espíritos. Daí a razão de se usarem ambas as formas indiferentemente. Apesar de serem os formadores da matéria, os fluidos escapam à percepção de nossos sentidos e aparelhos, a não ser em condições próprias, determinadas pelos espíritos (ver capítulo 8).

A Terra apresenta também uma atmosfera constituída por fluidos. Os espíritos que possuem perispírito mais denso não podem sair da parte mais densa desta atmosfera. Os que possuem perispírito menos denso, podem se elevar. Ou seja, o espírito fica na região de maior afinidade entre os fluidos de seu perispírito e dessa atmosfera. Como já foi mencionado, o adiantamento moral do espírito determina a maior leveza de seu perispírito. A atmosfera fluídica é para os espíritos o que o ar é para os encarnados: serve também de veículo de transmissão do que eles pensam, vêem, ouvem e sentem.

Os fluidos estão impregnados das qualidades boas ou más dos pensamentos que os fazem vibrar. Isto é uma causa de sua diversidade. Os encarnados também modificam o fluido a seu derredor, pois eles também estão mergulhados na atmosfera fluídica e estão sempre vibrando, irradiando seus pensamentos e seus sentimentos. Este entorno fluídico da pessoa, como já foi mencionado, é chamado de *aura*.

O perispírito do encarnado também emana e absorve fluidos e isto faz parte de sua economia. O conhecido metabolismo do corpo humano é regido por um processo análogo no perispírito. Este absorve e exala fluidos da mesma forma que nosso corpo troca constantemente matéria com o meio ambiente, recebendo ar, água, alimentos e expelindo gás carbônico, urina, fezes. Esses fluidos envolvidos na economia do encarnado e que são mais densos, por estarem mais próximos da matéria, podem ser genericamente chamados de *fluidos vitais*. Dentre entes fluidos vitais destacamos uma classe especial chamada de *ectoplasma* (melhor seria usarmos o plural: *ectoplasmas*).

O ectoplasma é produzido também por outros seres vivos (animais, vegetais etc.) e mencionam-se além disso na literatura espírita fluidos de minerais (ectoplasma mineral). Sua utilização pelos espíritos é muito diversa: curas de encarnados, efeitos físicos (capítulo 8) etc.

Da mesma forma que naturalmente eliminamos nossos resíduos metabólicos do corpo, eliminamos também, naturalmente, estes fluidos, inclusive o ectoplasma. Às vezes algum desequilíbrio nosso dificulta este processo, o que traz inconvenientes à pessoa. Estes inconvenientes se traduzem por uma série de sintomas: bocejo, sensação de uma bola no esôfago, ouvido 'entupido' etc. Os sintomas desaparecem, quando for o caso, após a pessoa libertar este ectoplasma (ver Mathieu Tubino, *Um fluido vital chamado ectoplasma*, Niterói: Publicações Lachâtre).

Como o corpo físico está intimamente ligado ao perispírito, e ambos se influenciam, é de se esperar que o que influencia a economia orgânica influencia também a economia fluídica. Assim, a alimentação é um fator relevante neste processo. Em certas situações os espíritos recomendam não se alimentar de carne, pois os fluidos perispirituais sofrerão influências decorrentes do metabolismo desses alimentos, o que os torna altamente inconvenientes para determinados processos que envolvem o uso de ectoplasma. Estas recomendações também podem se estender a bebidas alcoólicas, tabaco, drogas (inclusive medicamentosas) etc., além, evidentemente, dos excessos alimentares.

A percepção dos fluidos pelo encarnado já foi mencionada várias vezes. Ela pode ser 'em bloco', ou seja, a pessoa, em vigília, percebe o ambiente fluídico em que se encontra. Assim também, o espírito afastado do corpo, percebe o mundo espiritual. A percepção pode ser também localizada, como, por exemplo, durante um passe o passista pode perceber, pelas mãos, a aura do paciente (ver capítulo 9).

O manuseio dos fluidos segue a lei das afinidades: o manuseio da matéria é feito pela 'matéria humana' (as mãos, os sentidos, as ferramentas etc.), assim também os fluidos. Os mais densos são manuseados por espíritos com perispíritos mais densos. É claro que dentro de cada individualidade encontra-se o espírito comandando o perispírito etc. (vide figura 4.4).

Citando Kardec (*A gênese*, capítulo XIV, § 14, edição FEB):

> Os Espíritos atuam sobre os fluidos espirituais, não manipulando-os como os homens manipulam os gases, mas

> empregando o pensamento e a vontade. Para os Espíritos, o pensamento e a vontade são o que é a mão para o homem. Pelo pensamento, eles imprimem àqueles fluidos tal ou qual direção, os aglomeram, combinam ou dispersam, organizam com eles conjuntos que apresentam uma aparência, uma forma, uma coloração determinadas; mudam-lhes as propriedades, como um químico muda a dos gases ou de outros corpos, combinando-os segundo certas leis. É a grande oficina ou laboratório da vida espiritual.
>
> Algumas vezes essas transformações resultam de uma intenção; doutras, são produto de um pensamento inconsciente. Basta que o Espírito pense uma coisa, para que esta se produza, como basta que modele uma ária para que esta se repercuta na atmosfera.

Nos capítulos que se seguem, este tema estará ainda presente.

Capítulo 8

EFEITOS FÍSICOS

Os fenômenos denominados de efeitos físicos são fenômenos mediúnicos em que há efeitos sensíveis como: ruídos, movimentos de objetos, visualização de entidades espirituais, sensibilização de aparelhos etc. Há uma enorme gama de efeitos produzidos.

Como se processam estes fenômenos?

No caso das manifestações inteligentes (capítulo 6) há uma interação entre o espírito desencarnado com o médium, interação esta de perispírito para perispírito. Neste caso ainda há esta interação, porém de forma diferente. Genericamente, pode-se dizer que o espírito utiliza-se de fluidos seus e do médium, 'manipula-os' e com eles atua sobre a matéria, produzindo o efeito desejado. A figura 8.1 esquematiza este processo. Este esquema é genérico, pois, conforme o caso pode haver mudanças nos detalhes e envolvimentos mais amplos por parte do médium e do(s) espíritos(s), além da utilização de outros fluidos.

O início do espiritismo está relatado de forma sumária no apêndice 2. Os fenômenos de Hydesville (batidas, ruídos na madeira dos móveis, portas e paredes) eram fenômenos desta categoria e as irmãs Fox eram médiuns de efeitos físicos. Assim também muitos dos fenômenos que popularmente são chamados de 'casas mal-assombradas'.

Um outro fenômeno deste tipo é relatado por Kardec, em *O livro dos médiuns* (2ª parte, cap. V, nº 94) e na *Revista Espírita* (agosto de 1860): "O trapeiro da *rue* Des Noyers." Em um apartamento desta rua, em Paris, começaram a surgir projéteis (pedras, pedaços de carvão etc), não se sabe de onde, quebrando vidraças, assustando e mesmo ferindo as pessoas, dentre as quais a criada do morador, o sr. Lessage. Kardec toma conhecimento dos fatos, visita o sr. Lessage e, depois, com o auxílio do espírito são Luiz, conversa com o espírito causador dos incidentes, o trapeiro Jeannet, que vivera há um certo tempo nas imediações da rua Des Noyers. Jeannet confirma que fizera isto para chamar a atenção sobre si. Diz que para lançar os projéteis foi "ajudado pela natureza elétrica daquela moça, junto a minha, menos material". A moça a que ele se refere é a criada do sr. Lessage, que o 'ajudara' inconscientemente. A explicação apresentada é essencialmente o processo esquematizado na figura 8.1.

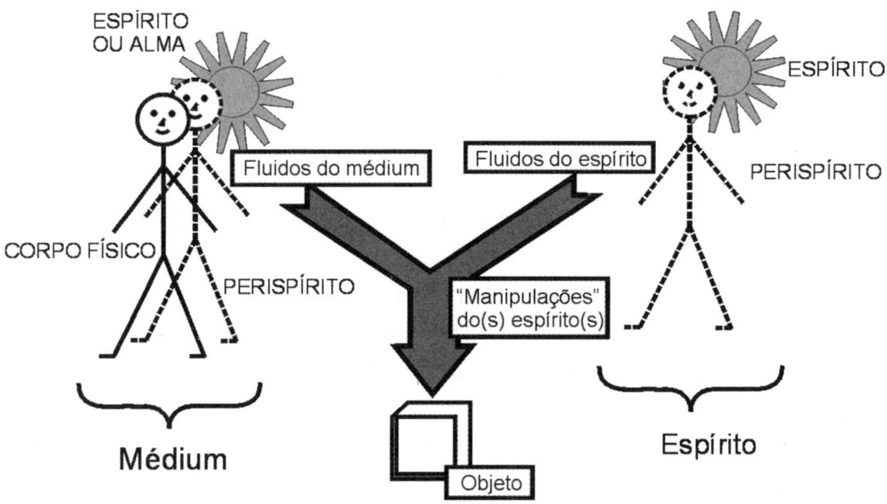

Figura 8.1 – Esquema de um efeito físico. O espírito pode usar fluidos de outras fontes (veja texto).

Os fluidos podem atuar nos objetos de diferentes formas. Podem fazer com que eles se desloquem, que eles se aqueçam ao ponto de se incendiarem, que eles se tornem invisíveis aos encarnados, que eles sejam transportados, inclusive de grandes distâncias, podem fazer os objetos atravessarem paredes etc. E podem fazer várias destas coisas ao mesmo tempo. No caso das pedradas, o espírito da *rue* de Noyers manipulava os fluidos para que a pedra fosse transportada, de forma invisível, da vizinhança, penetrasse na casa e fosse arremessada nos presentes ou em outros objetos. Evidentemente nem sempre os espíritos atuam nos objetos desta forma. Eles podem atuar também para transmitir mensagens. Desde a forma mais simples, como as pancadas, no caso da família Fox, até a ação mais moderna sobre aparelhos eletrônicos (gravadores, aparelhos de TV, computadores), passando pela cestinha com um lápis amarrado que escreve as mensagens sobre uma folha de papel. Este tipo de efeito físico em que se transmitem mensagens é chamado de transcomunicação.

Nem sempre os fluidos são manuseados para atuarem sobre os objetos. Eles podem ser utilizados para formarem imagens, inclusive de figuras humanas. Estas imagens ou formas fluídicas quase sempre são temporárias e são visíveis por todos os presentes, podendo também ser fotografadas.

Hernani Guimarães Andrade relata um outro caso ocorrido na década de 1970, o chamado "*Poltergeist* de Suzano" (Hernani Guimarães Andrade, *Poltergeist – Algumas de suas ocorrências no Brasil*, Editora Pensamento, São Paulo, 1993). '*Poltergeist*' é uma palavra alemã que significa 'espírito batedor', tendo sido bastante utilizada, inclusive no cinema. Trata-se de um caso semelhante ao da *rue* Des Noyers, em que em uma pequena casa em Suzano, município da Grande São Paulo, foram lançadas pedras no telhado e, dentro de casa, incendiados móveis (estofo do sofá, mesa, folhinha dependurada na parede etc.), causando, como seria de se esperar, transtornos aos moradores da casa. Constatou-se que uma jovem moradora da casa (na época com cerca de quinze anos) era a responsável pelos fluidos utilizados pelos espíritos. O caso está muito bem documentado, inclusive pelo fato de os moradores terem recorrido à polícia, que lavrou os autos competentes, além de policiais terem testemunhado alguns dos fenômenos.

Em todos estes casos há, além da presença espiritual, a presença de um médium, que fornece os fluidos (ectoplasma) necessários e que são utilizados pelos espíritos para atuarem sobre a matéria física. Nos três casos (*rue* de Noyers, Família Fox e *Poltergeist* de Suzano) foram jovens do sexo feminino na puberdade e vivendo alguma tensão emocional (geralmente própria da idade), agravada pelos próprios acontecimentos, que liberaram o ectoplasma para os fenômenos ocorrerem. Note-se também que a participação foi involuntária, inconsciente. Possivelmente, o tipo de ectoplasma produzido por estas jovens é o mais adequado para este tipo de efeito. As irmãs Fox (ver apêndice sobre história do espiritismo) estão neste caso. As primeiras comunicações recebidas por Kardec, por meio do lápis preso a uma cesta que escrevia, tinham como médiuns as jovens irmãs Baudin, com idade semelhante (ver apêndice 2). Em outros efeitos físicos, pessoas adultas têm atuado como médiuns.

Materializações

Um outro tipo de efeito físico são as materializações. Trata-se da visualização de espíritos às pessoas presentes, podendo inclusive serem fotografados. É diferente da vidência, caso em que apenas o médium 'vê' (vide capítulo 6). Na materialização, o perispírito do espírito que vai se tornar visível 'recobre-se' com os fluidos do médium de ectoplasma, 'manipulados' pelo(s) espírito(s), tonando-se perceptível aos presentes. São utilizados fluidos do(s) médium(ns) presente(s) (ectoplasma) e do mundo espiritual. Conforme o caso, o perispírito pode-se tornar, além de visível, tangível (ver observação 8.1). A figura 8.2 apresenta a foto de um 'espírito materializado'.

Figura 8.2 – Foto de um espírito materializado. A esquerda, o médium Waldo Vieira segurando a mão do espírito materializado Irmã Josefa em sessão realizada em janeiro de 1964 na cidade de Uberaba (MG). Foto de Nedyr Mendes da Rocha (veja observação 8.1).

O processo de 'materialização' é semelhante ao esquematizado na figura 8.1, só que o resultado da 'manipulação fluídica' não é utilizado para atuar na matéria física, mas para 'revestir' os fluidos formadores do perispírito que se tornará visível (aos olhos e à máquina fotográfica) e possivelmente tangível. A figura 8.3 esquematiza o processo.

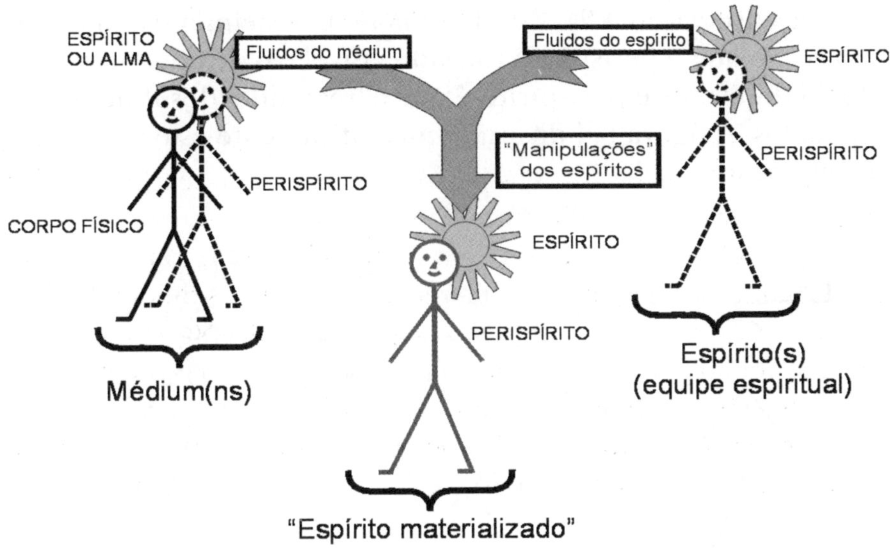

Figura 8.3 – Esquema de uma "materialização". Os espíritos podem usar fluidos de outras fontes (ver texto).

A partir da segunda metade do século 19, e até recentemente, houve muitos trabalhos com médiuns de efeitos físicos, como o escocês Daniel Dunglas Home, a napolitana Eusápia Palladino e vários outros. De uma maneira geral, as sessões eram realizadas com a finalidade de mostrar que os fenômenos eram autênticos e não um espetáculo de magia teatral. Por isso os coordenadores das reuniões cercavam-se de todas as precauções para evitar a fraude: amarravam o médium, colocavam-no em jaulas, lacravam-se portas e janelas, testemunhas verificavam tudo, faziam-se atas, lavravam-se depoimentos etc. Também faziam-se testes, além das fotografias, para corroborar a autenticidade. Um dos mais interessantes era o da 'luva de parafina': o espírito materializado enfiava a mão fechada e o punho em um balde de parafina derretida (quente), retirava-a e a seguir mergulhava-a em um balde de água fria, solidificando a parafina. Depois desmaterializava-se, deixando uma 'luva' rígida, formada por uma fina camada de parafina sólida. Todos detalhes da mão ficavam impressos na parte interna da 'luva'.

Como já foi mencionado no capítulo 4, o perispírito de um encarnado pode também tornar-se visível (bilocação) e até tangível (ver observação 4.2). Este fenômeno é semelhante à materialização, só que o perispírito tornado visível é o de um encarnado (do médium). Este perispírito é que é 'revestido' dos fluidos manipulados. A figura 8.4 ilustra esquematicamente este fenômeno da bilocação.

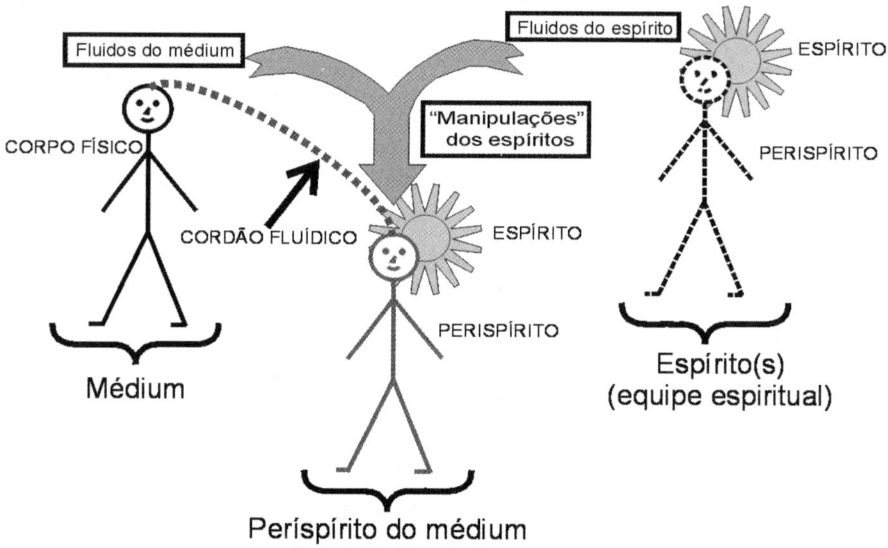

Figura 8.4 – Esquema de uma *bilocação*. Os espíritos podem usar fluidos de outras fontes (ver texto).

Outra situação que se pode considerar como intermediária desta é a chamada superincorporação. Neste caso o perispírito do médium sofre a influência de um dos espíritos presentes, que se transfigura, adquirindo as feições que o espírito lhe imprime. Por isto, a aparição poderá ter certa semelhança com o médium.

Em resumo, em uma reunião destinada à visualização de espíritos (sessões de materializações, como são freqüentemente chamadas), podem ocorrer algumas situações, dependendo da equipe espiritual e das circunstâncias (inclusive dos encarnados): a bilocação (o perispírito do médium é que se torna visível), as aparições de formas fluídicas, a superincorporação e a materialização. Nem sempre é possível aos presentes discernirem estes casos, pois ainda eles podem ocorrer simultaneamente.

Voz direta e escrita automática

Um outro fenômeno de efeitos físicos que ocorre é a chamada voz direta. Neste caso os espíritos moldam, com os fluidos, uma espécie de garganta e a atuação deles sobre a mesma faz com que ela emita os sons da voz humana. Desta forma os espíritos podem falar diretamente aos presentes.

Foi mencionado no capítulo 6 a psicografia, ou seja, o fenômeno mediúnico em que a idéia enviada pelo espírito comunicante era externada pelo médium na forma de escrita. Há uma outra maneira de escrever, chamada escrita automática, que alguns autores consideram uma forma intermediária entre a psicografia e o efeito físico de movimentar a cesta com o lápis preso mencionado acima. Neste caso, os fluidos, devidamente 'manuseados' pelos espíritos, atuam no braço do médium produzindo a escrita. Pode-se, neste caso, até comparar o braço do médium à cesta com o lápis.

Há muitas outras formas de mediunidade que não vamos aqui tratar por falta de espaço. O leitor pode consultar *O livro dos médiuns*.

Aspectos Morais

Pode-se considerar que os efeitos físicos constituem 'provas' (ver capítulo 11) da realidade espiritual. Não há como taxá-los de subjetivos, pois uma câmara fotográfica não pode ser vítima de alucinações. A 'luva' de parafina não tem como ser contestada. Entretanto são os mais fáceis de serem confundidos com fenômenos materiais naturais (estalos na madeira) e de serem fraudados por meio da prestidigitação, do ilusionismo de palco. Daí a razão das inúmeras precauções que devem ser tomadas nestes trabalhos, como já foi mencionado. Primeiramente, precauções de caráter espiritual: além das já mencionadas no capítulo 6, há ainda outras precauções, quase sempre recomendadas pelos espíritos, referentes a aspectos orgânicos que afetam os fluidos que emitimos (alimentação adequada, evitar a ingestão de bebidas alcoólicas, cigarros, certas drogas etc.). Outros tipos de precauções são ainda considerados visando evitar fraudes, porém, dependendo dos objetivos do trabalho e dos participantes, podem ser perfeitamente dispensados.

As precauções de caráter espiritual têm um duplo aspecto: criar as condições fluídicas para o bom desempenho do trabalho (os médiuns fornecem parte dos fluidos e o manuseio dos fluidos é feito principalmente pelos espíritos) e evitar também a 'fraude espiritual', ou seja, a possibilidade de que espíritos zombeteiros (e outros) possam interferir no trabalho, o que pode inclusive causar problemas aos presentes, principalmente aos médiuns de efeitos físicos.

Estes trabalhos de efeitos físicos, feitos com o objetivo de mostrar a realidade espiritual, foram muito importantes em uma época, isto é, no início do desenvolvimento da ciência espírita. Com seu posterior desenvolvimento, principalmente quanto aos efeitos intelectuais, sua importância diminuiu. Esta discussão será retomada no capítulo 11.

Com relação à obsessão, mencionada no capítulo 6, deve-se acrescentar que, além do quadro parcialmente descrito, fenômenos de efeitos físicos podem ser provocados pelos obsessores, com a finalidade de apavorar seu(s) desafeto(s). Os casos mencionados anteriormente de 'casas mal-assombradas', têm também este componente.

🕮 EXERCÍCIOS

8.1 – Redija um texto para descrever um fenômeno de efeito físico baseado na figura 8.1.

8.2 – A percepção de uma 'entidade materializada' pode ocorrer devido a uma materialização ou a uma bilocação. Com base nas figuras 8.2 e 8.3, explique as diferenças entre estes dois fenômenos.

8.3 – Os espíritos têm se comunicado por meio de aparelhos eletrônicos (gravadores de fita, por exemplo). Utilizando o esquema da figura 8.1, mostre como seria esta comunicação. Qualquer espírito poderia fazer uso deste processo?

8.4 – Nestes fenômenos de efeitos físicos, há situações em que a lei de afinidade não é obedecida? Exemplifique e explique.

8.5 – Utilizando esquemas como os apresentados nas figuras, crie um para ilustrar a superincorporação.

8.6 – Leia e faça um resumo do capítulo 10, "Materialização", do livro *Missionários da luz*, e o capítulo 28, "Efeitos Físicos", do livro *Nos domínios da mediunidade*, ambos de Francisco Cândido Xavier e André Luiz, edição FEB.

8.7 – Leia, na *Revista Espírita*, "O trapeiro da *rue* Des Noyers (agosto de 1860, p. 264, São Paulo: EDICEL). Como poderia se caracterizar aí um processo obsessivo? Quem seria o obsediado? Sugestão: analise as características psíquicas dos encarnados envolvidos.

8.8 – No Novo Testamento, no livro denominado Atos dos Apóstolos, capítulo 2, versículos 1 a 13, encontra-se o relato do acontecido com os apóstolos no dia de Pentecostes, celebração feita sete semanas após a Páscoa (nesse caso, a Páscoa ocorrida dois dias após a morte de Jesus), ou seja, no 50º dia (Pentecostes, em grego, quer dizer qüinquagésimo):

> Chegando o dia de Pentecostes, estavam todos reunidos no mesmo lugar. De repente veio do céu um ruído, como se soprasse um vento impetuoso, e encheu toda a casa onde estavam sentados. Apareceram-lhes então uma espécie de línguas de fogo, que se repartiram e repousaram sobre cada um deles. Ficaram todos cheios do Espírito Santo, e começaram a falar em outras línguas, conforme o Espírito Santo lhes concedia que falassem.

> Achavam-se então em Jerusalém judeus piedosos de todas as nações que há debaixo do céu. Ouvindo aquele ruído, reuniu-se muita gente e maravilhava-se de que cada um os ouvia falar na sua própria língua. Profundamente impressionados, manifestavam a sua admiração: "Não são porventura galileus todos estes que falam? Como então todos nós os ouvimos falar, cada um em nossa própria língua materna? Partos, medos, elamitas, os que habitam a Mesopotâmia, a Judéia, a Capadócia, o Ponto, a Ásia, a Frígia, a Panfília, o Egito, e as províncias da Líbia próximas a Cirene, peregrinos romanos, judeus ou prosélitos, cretenses e árabes, ouvimo-los publicar em nossas línguas as maravilhas de Deus!" Estavam, pois, todos atônitos e sem saber o que pensar, perguntavam uns com os outros: "Que significam estas coisas? " Outros, porém, escarnecendo, diziam: "Estão todos embriagados de vinho doce."
>
> (*Bíblia Sagrada*, Editora Ave Maria, edição Claretiana, São Paulo, 1977.)

Identifique nesta narrativa os fenômenos mediúnicos ocorridos. Quais os de efeitos intelectuais e quais os de efeitos físicos?

OBSERVAÇÃO 8.1

As Materializações de Uberaba

No início de 1964, na cidade de Uberaba (MG), foram realizadas diversas sessões de materialização sob a iniciativa e coordenação do conhecido médium psicógrafo de então, Waldo Vieira (médico e odontólogo). Essas sessões, das quais participavam dezenove médicos de diversas cidades, colegas de Vieira, também contavam com a presença de Francisco Cândido Xavier, além de outras pessoas. Os médiuns de efeitos físicos foram Otília Diogo, de Campinas (SP), e Antônio Alves Feitosa, de São Paulo (SP). As sessões foram realizadas com todas as precauções recomendadas pelos espíritos para um trabalho desta natureza e também as precauções para se evitar fraude por parte dos médiuns e de quem quer que fosse. As fotos, realizadas por Nedyr Mendes da Rocha, de Campinas (SP), foram feitas com flash, pois a sala estava totalmente escura, exceto nos momentos em que o próprio espírito materializado (ou alguém por ordem deste) acendia, por meio de um interruptor de mão pendente por um fio, uma lâmpada vermelha para que os presentes pudessem observá-lo. O objetivo das reuniões era se colher material para um livro (que nunca foi escrito). Diversos espíritos se manifestaram de forma visível, ocorrendo também vários outros fenômenos.

Em uma dessas reuniões esteve presente também uma equipe de repórteres da revista *O Cruzeiro*, na época o semanário de maior circulação no país. A primeira reportagem publicada pela revista foi fiel aos fatos observados. A segunda, uma semana depois, procurou apresentar tudo como se fosse uma fraude. Isso suscitou então uma grande polêmica na mídia: entrevistas, editoriais, debates na tv etc., com a finalidade de desmascarar a verdadeira farsa, engendrada por *O Cruzeiro*. Todo este movimento causou uma grande curiosidade e um grande interesse em se conhecer o espiritismo. A editora da Federação Espírita Brasileira, uma das poucas de então, teve seu estoque de livros esgotado, inclusive os infantis. Foi uma repercussão como a das mesas girantes (ver Apêndice 2).

(Baseado em um depoimento de Nedyr Mendes da Rocha ao autor. Para maiores detalhes sobre o ocorrido, ver *Materializações de Uberaba*, de Jorge Rizzini, São Paulo: Livrofácil-Novaluz Editora, e também *O fotógrafo dos espíritos*, de Nedyr Mendes da Rocha, Capivari: Editora EME, 2011).

Capítulo 9

FLUIDOTERAPIA

Desequilíbrios e Doenças

Neste capítulo será analisada uma questão muito importante relativa aos seres humanos: os desequilíbrios que afetam nossa vida e que comumente chamamos de *doenças*. O termo *desequilíbrio* foi usado tendo em vista a concepção de ser humano que tem sido utilizada ao longo deste livro: espírito, perispírito e corpo. O esquema da figura 4.4, que foi utilizado para expor a lei de afinidade, será novamente útil e, baseando-se nele, tem-se a figura 9.1. Nesta última, tem-se, em 'A', a indicação de uma alteração no funcionamento do indivíduo: há um 'defeito' na transmissão de informação prejudicando todo o conjunto. Em 'B' há um 'defeito' em uma das 'camadas' constituintes do indivíduo, o que também prejudica o funcionamento do restante. Na realidade ambos os casos são o mesmo, pois a interrupção do fluxo de informações só é possível com uma alteração em uma das camadas e, por outro, lado, a interrupção do fluxo de informações provoca alterações nas camadas. Normalmente, se não há alteração, todas as informações fluem a contento.

Qual a causa desta alteração?

São muitas e, geralmente, de origem espiritual, pois é o espírito que tudo controla. Por exemplo, uma mágoa, uma tristeza, pode produzir uma 'deficiência' em alguma camada do perispírito, transmitida do espírito até aquele ponto. Outra fonte de males é a ignorância, pois o indivíduo comete atos que não deveriam ser praticados, comprometendo seu espírito, perispírito e corpo. Uma vez que a 'deficiência' ali está, não haverá um funcionamento adequado, inclusive na comunicação entre as partes, que pode ser chamada de *distonia*. Uma mensagem enviada pelo espírito ao corpo chegará com 'ruído', traduzindo-se em alguma deficiência orgânica, ou seja, em uma *doença*. Em alguns casos a deficiência pode estar também em nosso perispírito antes do nascimento, podendo se manifestar no corpo como alguma imperfeição anatômica ou fisiológica.

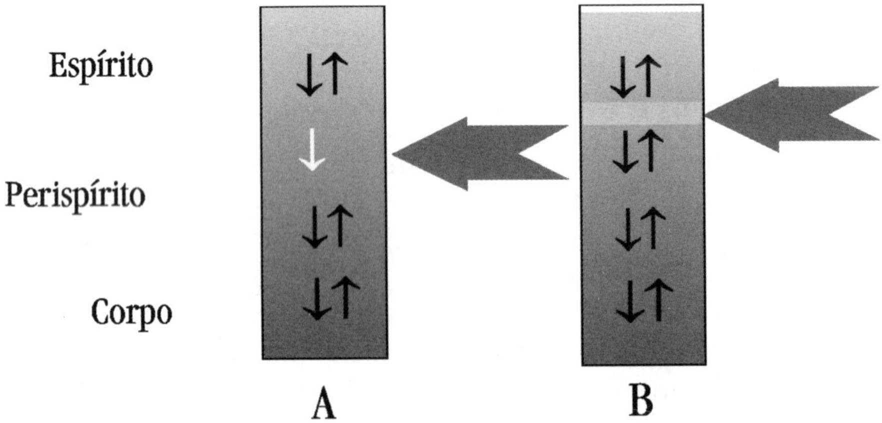

Figura 9.1 – Desequilíbrios. Em 'A' tem-se a interrupção do fluxo de informações e em 'B', um defeito em uma das camadas, causan do o mesmo efeito. Em ambos os casos o funcionamento do conjunto está prejudicado (veja figura 4.4).

Estas deficiências, na maioria das vezes, surgem de "dentro para fora", isto é, os desequilíbrios do espírito se externam no perispírito e até no corpo. Quando são de "fora para dentro", como agressões ao perispírito ou ao corpo, geralmente o indivíduo se defende bem, até um certo limite, é claro. Quando o indivíduo sofre uma agressão psicológica, e ele não é capaz de se defender, de eliminá-la, então ela poderá tornar-se "de dentro para fora". Há ainda as combinações: alguém que já tem uma deficiência, ao sofrer a agressão externa, não poderá se defender a contento, agravando sua situação.

Além das trocas, que o indivíduo faz dentro de si, ele também as faz com o meio ambiente, dentro da lei de afinidade. Seu corpo troca matéria física (recebe ar, água, alimentos etc., expele gás carbônico, urina, fezes etc.), seu perispírito troca fluidos.

Todo este processo dinâmico de trocas de materiais e fluidos é fruto da evolução do espírito que, através das múltiplas existências, automatizou-os.

Pode notar o leitor que estas considerações são genéricas e, como não é nosso objetivo, excluiremos, de ora em diante, as considerações relativas à matéria física.

Considera-se um indivíduo *doente* aquele que apresenta uma perturbação ou desequilíbrio em um de seus níveis constituintes, quer do corpo, do perispírito ou do espírito ou, obviamente, apresenta alterações nas trocas que cada um dos níveis realiza interna ou externamente.

A fluidoterapia

Um indivíduo, ao tomar consciência de seu desequilíbrio, pode, em princípio, com sua vontade, corrigir este desequilíbrio. A alteração de sua postura mental (reforma íntima) poderá trazer novamente o equilíbrio às partes afetadas. Como auxílio, a pessoa pode contar com o recurso da prece. Neste momento o indivíduo eleva seu pensamento e seus sentimentos à espiritualidade maior, solicitando a ajuda de que necessita e o de que ele *realmente* necessita certamente virá. Mais adiante voltaremos a tratar um pouco mais deste tema.

Entretanto, nem sempre a pessoa tem condições de, sozinha, modificar-se a si mesma, e deve então buscar o auxílio de que precisa. Daí a necessidade de contar com a ajuda do próximo. A ajuda no nível espiritual e perispiritual pode ser feita por meio da *fluidoterapia*, ou seja, a utilização de recursos fluídicos para reequilibrar, nos níveis correspondentes, um indivíduo doente, como conceituado acima.

Como se processa esta terapia?

Em essência, esta terapia se processa pela troca, pela redistribuição ou mesmo pela eliminação de fluidos, que irá restabelecer o equilíbrio, pelo menos parcial e momentaneamente. Se a pessoa aproveitar o ensejo e modificar sua postura mental, contribuindo para seu reequilíbrio, terá melhores condições de obter o restabelecimento de sua saúde. Se a pessoa mantiver sua posição mental anterior, a distonia reaparecerá assim que se esgotarem os recursos fluídicos recebidos. Atitudes mentais impermeáveis, frias, indiferentes, podem impedir o recebimento destes recursos fluídicos.

Comumente esta terapia, ou seja, esta transferência, redistribuição ou eliminação de fluidos, se faz por meio de uma operação chamada *passe* (vide figura 9.2).

Figura 9.2 – Um passe.

O passe é uma prática muito antiga, sistematizada de muitas maneiras nos mais diversos contextos culturais do mundo. Não serão apresentadas aqui a geografia e a história desta operação, pois não haveria espaço para isto. O importante é que a ciência espírita permitiu unificar conceitos e práticas e elaborar uma teoria geral para melhor compreensão e adequação das técnicas.

Em essência, o passe vem a ser então a transferência, redistribuição ou eliminação de fluidos a uma pessoa necessitada (o *paciente*). Esta operação é realizada pelo médium *passista*, quase sempre com a colaboração de um ou mais espíritos. Durante a operação, o passista e o(s) espírito(s) receberão informações sobre o paciente, por meio dos fluidos que ele emite, transferirão a ele os fluidos necessários, fluidos estes que poderão se originar do próprio passista, do(s) espírito(s) ou do ambiente, retirarão os fluidos indesejáveis e redistribuirão os fluidos do próprio paciente.

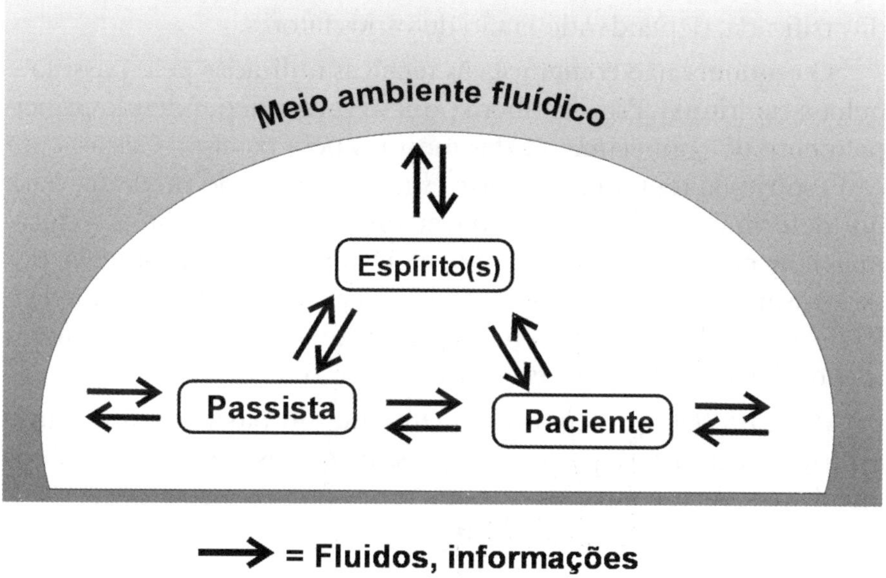

Figura 9.3 – Um esquema teórico do passe.

Um *esquema teórico do passe* pode ser elaborado para facilitar a compreensão do processo e sua aplicação. A figura 9.3 apresenta este esquema, mostrando os possíveis fluxos de informações e de fluidos entre as três partes envolvidas (paciente, passista e espírito[s]). Por exemplo, o estado do paciente pode ser percebido pelo passista (pelas mãos, pela vidência ou por outra faculdade) e pelo espírito por meio de suas emanações fluídicas. O médium pode então atuar em uma determinada região (se for o caso) e de uma determinada forma, por sua própria iniciativa ou intuído pelo(s) espírito(s). Assim também os fluidos necessários poderão ser do(s) espírito(s), do ambiente (inclusive de outras pessoas), do próprio passista ou dos dois primeiros por meio do último. Para o ambiente poderão migrar fluidos indesejáveis do paciente. A atuação do médium se faz com a mente, com o pensamento, auxiliado, quando for o caso, pelas mãos ou por outras partes do corpo, principalmente quando ele fornece fluidos. Esta atuação está também vinculada às técnicas empregadas. Note então que as relações entre as três (ou mais) entidades: paciente, passista e espírito(s), é uma relação de 'mão dupla'. Não se esquecer também de que os fluidos são 'manuseados' pela vontade dos presentes, encarnados e desencarnados. Em resumo, o passe é uma operação complexa e diversificada, dependendo então de vários fatores.

O esquema não contempla as técnicas utilizadas pelo passista e pelo(s) espírito(s). Estas também podem variar, dependendo principalmente do conhecimento das mesmas pelo passista. Certamente o(s) espírito(s) tentará(ão) suprir esta deficiência do médium. Para um determinado fim poderá haver uma ou mais de uma técnica, mais conveniente, porém, quando a mesma não está disponível, pode-se usar outra. A questão das técnicas está também subordinada à lei de afinidade. Se o ponto perispiritual em desequilíbrio é mais ou menos denso, os fluidos necessários deverão ser semelhantes.

A figura 9.4 apresenta o esquema de um passe em um grupo espírita, mostrando o paciente, o passista, o(s) espírito(s) e os fluidos envolvidos. As tonalidades cinza da representação são arbitrárias.

Figura 9.4 – Um passe, mostrando-se agora o plano físico e o plano espiritual.

Nem sempre, entretanto, a aplicação fluídica se faz no ponto onde o desequilíbrio se faz mais marcante. Ela pode ser feita em um nível mais elevado (ou menos denso) do indivíduo necessitado e daí, internamente, a 'mensagem corretora' passara ao ponto do desequilíbrio mais marcante. Quando recorremos à prece, sua ação ocorre desta maneira. Neste caso é necessário que os caminhos estejam desimpedidos e muitas vezes o passe tem a finalidade de desbloquear estes caminhos. No capítulo 5 apresentou-se uma comparação que foi denominada a "metáfora das tomadas", para melhor se compreender o processo de afastamento do perispírito. Retomando novamente esta comparação, os caminhos que mencionamos acima, e que podem estar bloqueados, podem ser considerados estes cabos e tomadas. Cabos desconectados não podem transmitir mensagens. Então o desbloqueio mencionado seria, muitas vezes, reapertar tomadas e parafusos frouxos. Vamos ainda estender mais um pouco a comparação: nas conexões entre o perispírito com o corpo, existem algumas tomadas mais destacadas que recebem o nome de *centros de força* ou *centros vitais*.

A descrição, importância e função dos centros de força estão descritas em diversas obras da literatura espírita. Além das mencionadas no exercício 9.6, destacamos dois livros de André Luiz: *Entre a terra e o céu*, Francisco Cândido Xavier e André Luiz (espírito) e *Evolução em dois mundos*, Francisco Cândido Xavier, Waldo Vieira e André Luiz (espírito) (ambos Rio de Janeiro: edição FEB). A tabela 9.1 traz a relação dos principais centros vitais e sua localização.

CENTRO DE FORÇA	LOCALIZAÇÃO
Coronário	No alto da cabeça
Frontal ou cerebral	Na fronte (lobo frontal)
Laríngeo	Sobre a garganta
Cardíaco	Sobre o coração
Gástrico	Sobre a parte superior do estômago (plexo solar)
Esplênico	Sobre o baço
Genésico ou básico	No baixo ventre

Tabela 9.1 – Principais centros de força.

Plexo é uma região do corpo físico caracterizada por um grande entrelaçamento de nervos, vasos e músculos. Além do conhecido plexo solar, localizado na região acima do estômago ("boca do estômago", como popularmente se diz), as outras regiões onde se localizam os centros vitais são do mesmo tipo. Apesar da comparação feita com as tomadas, os centros de força não são simplesmente tomadas, elementos passivos nos circuitos. Podem ser considerados verdadeiros órgãos perispirituais. A figura 9.5 mostra a localização aproximada dos principais centros vitais.

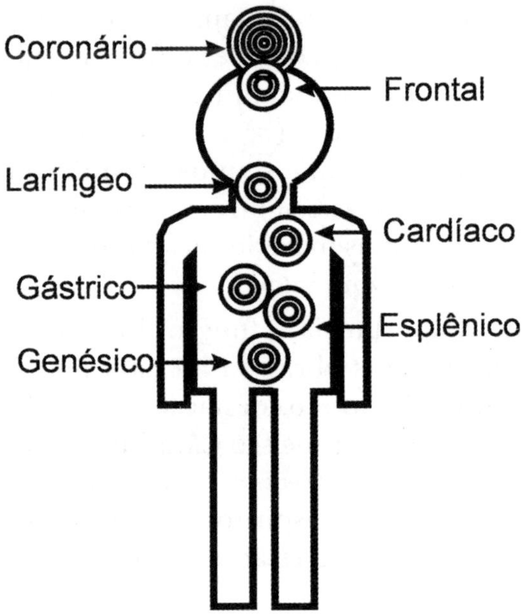

Figura 9.5 – Localização aproximada dos principais centros vitais.

A prece

Foi mencionado anteriormente que o indivíduo pode (e deve) recorrer à prece para seu reequilíbrio, sendo que esta última foi considerada uma operação de intercâmbio com o plano espiritual. Isto é fácil de compreender por meio do esquema de passe acima apresentado. Basta suprimir o médium passista, permanecendo os outros componentes. Daí algumas pessoas utilizarem o termo "auto-passe", quando em uma prece se solicita um auxílio mais específico para si próprio. A figura 9.6 esquematiza esta operação de intercâmbio com o plano espiritual. Não iremos aqui nos estender mais sobre a importância da prece, pois o leitor interessado poderá encontrar o tema bastante desenvolvido em *O evangelho segundo o espiritismo* de Allan Kardec.

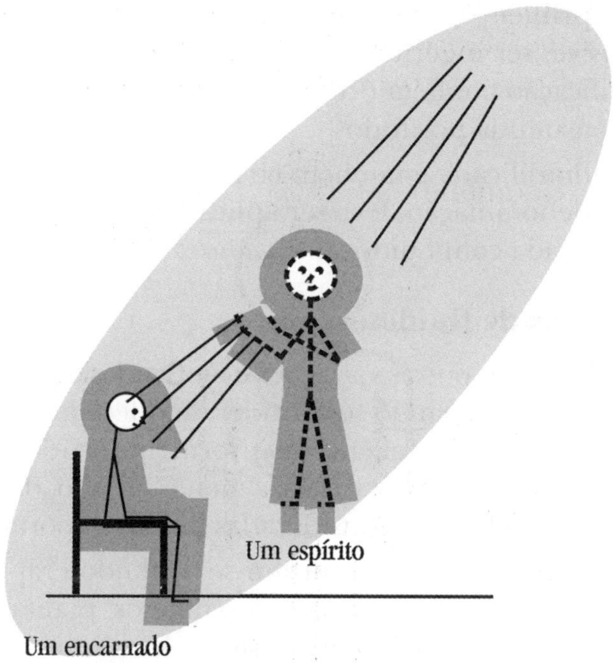

Figura 9.6 – Reequilíbrio por meio da prece.

Água fluidificada

Uma forma muito peculiar de fluidoterapia é a utilização da água. É desnecessário falar sobre a importância deste líquido na natureza, para a vida em geral e para a humanidade em particular. É um líquido de propriedades *sui generis*, quando comparado com outros líquidos obtidos pelo homem. Estas suas propriedades transcendem à própria matéria física, permitindo que a água possa servir, inclusive, de veículo para os fluidos.

Este recurso também é conhecido deste longa data e por muitos povos. Em decorrência disto, a água pode ser utilizada na fluidoterapia transportando os fluidos necessários a um paciente. A *fluidificação*, ou seja, a colocação dos fluidos na água, pode ser feita pelo(s) espírito(s), pelo médium ou por ambos. Evidentemente que em cada caso os fluidos serão próprios de cada nível. Quando a água é destinada a um determinado paciente, o(s) espírito(s) ou mesmo o médium, quase sempre com o auxílio dos primeiros, colocam os fluidos mais adequados, e não deve, inclusive, ser ingerida por outrem. Quando é para uso geral, a fluidificação também é adequada a esta finalidade e a água pode ser consumida por todos.

A água fluidificada é também chamada de *água magnetizada*, porém esta denominação deve ser aplicada mais especificamente à água preparada com fluidos do *magnetizador* (o médium).

Outras formas de fluidoterapia

Há ainda muitas outras variações e modalidades de fluidoterapia, principalmente quando se consideram diferentes técnicas envolvidas. Em essência o esquema anteriormente citado é suficiente para a maioria das formas descritas, a menos, é claro, das variações de técnica, que podem ser consideradas menos importantes.

Os conhecidos *benzedores* utilizam-se da fluidoterapia, em que técnicas ancestrais, inclusive utilizando objetos, plantas etc., misturam-se com rituais e até efeitos físicos. A utilização de objetos muitas vezes pode auxiliar o paciente e o médium em seu esforço de concentração, porém não é aconselhável, pois pode acabar causando dependência, e até mesmo contribuir para a diminuição da empatia entre paciente e passista, uma vez que o foco passa a ser o objeto.

Uma questão que necessita ainda de muita investigação é a relação da fluidoterapia com a homeopatia. Neste sistema médico, utilizam-se medicamentos chamados de *dinamizados*, os quais parecem conter os fluidos provenientes da droga utilizada. Não caberia aqui explicar os procedimentos e os princípios da homeopatia. O leitor interessado pode consultar o pequeno, porém muito interessante, livro *Homeopatia e espiritismo*, de Lauro S. Thiago (Rio de Janeiro: edição FEB).

É bom deixar claro que a fluidoterapia é uma terapia, ou seja, é um meio para aliviar ou curar os doentes. Como toda terapia, ela pode ser mais adequada que outra e vice-versa e, além do mais, e principalmente neste caso, depende muito do doente e também do terapeuta. Como na terapia médica convencional, em que as pessoas podem abusar dos remédios e com isto ficarem mais doentes, na fluidoterapia isto também pode acontecer. Como na terapia médica convencional, em que as pessoas procuram buscar profissionais e estabelecimentos de sua confiança, na fluidoterapia a empatia é mais importante ainda.

Aspetos morais

Pelo que foi exposto, a fluidoterapia é um recurso muito importante para o ser humano. Ela não pretende substituir a medicina do corpo, a medicina convencional, porém a complementa. Portanto, recomenda-se sempre a alguém que necessita de um tratamento procure fazer sempre das duas maneiras, ou seja, tratando do corpo e também o perispírito e espírito, principalmente deste último (este tratamento costuma-se chamar *reforma íntima*, mas esta não será objeto de estudo deste livro).

Para a realização da fluidoterapia, ou mais especificamente do passe, valem as recomendações já feitas para as reuniões de efeitos físicos: cuidados espirituais e materiais.

Convém ressaltar que a fluidoterapia tanto é uma forma de tratamento para o paciente propriamente dito, como também para aqueles que a aplicam.

EXERCÍCIOS

9.1 – Aplique o esquema do passe (figura 9.3) no caso de uma pessoa em prece. Faça um esquema indicando os componentes e discutindo as trocas de fluidos e de informações envolvidas. Compare e complete, se for o caso, a figura 9.4.

9.2 – Utilizando o esquema do passe (figura 9.3), explique a fluidificação da água.

9.3 – A fluidoterapia, em geral, e o passe, em particular, podem ser considerados como efeitos físicos, nos moldes tratados no capítulo 8? Justifique a resposta.

9.4 – Por que a fluidoterapia é uma forma de tratamento para o paciente propriamente dito, como também para aqueles que a aplicam? (Sugestão: veja no capítulo 10 a lei de causa e efeito).

9.5 – Procure o leitor se informar sobre o que vem a ser a cromoterapia e verifique seus procedimentos. É possível explicá-la por meio do esquema de passe proposto? Há necessidade de modificá-lo? Em caso afirmativo, como? Justifique suas respostas. Sugestão: consulte a obra *Cromoterapia técnica*, de René Nunes, ou outra obra congênere.

9.6 – Procure se informar mais sobre o passe e suas técnicas nas seguintes obras:

Jacob Melo, *O passe – seu estudo, suas técnicas, sua prática*, edição FEB; *Manual do passista*, ed. Mnêmio Túlio; *Cure-se e cure pelos passes*, ed. Martin Claret.

Luiz Carlos de M. Gurgel, *O passe espírita*, edição FEB.

Salvador Gentile, *O passe magnético – seus fundamentos e sua aplicação*, Inst. Difusão Espírita.

Capítulo 10

EVOLUÇÃO E TEMPO

Por evolução ou progresso entende-se mudança em uma certa direção. Em poucas palavras pode-se dizer que esta idéia sempre existiu nos mais diversos contextos culturais, porém de formas diferentes. O termo *evolução* é mais recente, vindo por meio da biologia. Kardec usa a palavra *progresso*.

A idéia de evolução traz em seu bojo o conceito do tempo. Este é outro conceito complexo. Pode-se dizer que o tempo é um modo de existência do ser. Conseqüentemente cada ser percebe o tempo a seu modo. Geralmente, a percepção do tempo para nós, espíritos encarnados em nosso atual estado de evolução, pode ser comparada a um fio de linha que percorremos em uma direção. O que foi percorrido é o passado, onde estamos é o presente e o que vai ser percorrido é o futuro. Pode-se modificar um pouco esta metáfora considerando que cada um de nós tem um carretel que sempre está soltando a linha; o fio desenrolado é o passado e o futuro é uma estrada mais ou menos larga, dependendo de cada um de nós, por meio da qual desenrolaremos o nosso carretel (qualquer semelhança com o fio de Ariadne, Teseu e o Labirinto é mera coincidência). Poderemos estar mais à esquerda, mais à direita ou no meio da estrada. Para alguns a estrada é tão estreita que não há possibilidade de escolha para o desenrolar. De qualquer forma pode-se dizer que nossa percepção do tempo é linear (o carretel é desenrolado com a mesma velocidade). É também assim o tempo da física clássica. Situações descritas pela física não-clássica (relatividade ou quântica) sugerem outras concepções de tempo que nossa mente ainda não consegue conceber de forma muito clara. Da mesma forma, o relato dos espíritos reafirma a idéia exposta anteriormente, de que o tempo é sentido de forma diferente por cada um de nós, principalmente quando estamos libertos do corpo físico. Possivelmente o mundo material, onde estamos mergulhados, nos imponha a idéia do tempo linear.

Voltando ao tema evolução, pode-se dizer que o mundo é constituído de uma infinidade de carretéis que se desenrolam, formando uma trama de linhas, com as quais cruzamos com nosso próprio fio. O progresso é a construção da trama, do tecido. Esta metáfora evidentemente traz também certas implicações: qual é a trama dos fios? Ela está formando algum desenho? Quem elaborou este desenho? Estas questões poderão ser refletidas pelo leitor.

Origem ou criação dos espíritos

Como foi visto, o ser humano é constituído de três partes: espírito, perispírito e corpo. Como se processa então sua evolução? É o que se busca responder.

Primeiramente, é preciso tratar da evolução do espírito, pois ele é a parte principal. Sobre sua origem e seus passos iniciais, pouco sabemos. As revelações dos espíritos superiores são poucas e, mesmo assim, difíceis de serem compreendidas devido a nosso estado evolutivo. Pode-se, com base nas mesmas e por comparações com as fases atuais, inferir alguma coisa. Nestas fases iniciais o espírito, se é que podemos usar este termo, fica mais ligado à matéria, animando seres mais simples do ponto de vista biológico. Podemos, em uma primeira aproximação, considerar que a evolução destes seres espirituais é praticamente paralela à evolução da matéria biológica (veja observação 10.1).

A passagem do espírito à condição humana, como nos ensina André Luiz (*Evolução em dois mundos*, Francisco Cândido Xavier, Waldo Vieira e André Luiz [espírito], Rio de Janeiro: edição FEB), é feita no mundo espiritual, onde então o espírito adquire a autoconsciência, o pensamento contínuo. A partir deste ponto podemos tratar melhor do progresso do espírito, que se faz na direção do aperfeiçoamento intelectual e moral, sendo o primeiro geralmente mais rápido que o segundo. A marcha do espírito se faz por meio do aumento de seus conhecimentos, do uso cada vez mais intenso de sua inteligência e de seu livre-arbítrio e do aumento de sua responsabilidade moral.

Reencarnação

Um dos meios utilizados para o nosso desenvolvimento é a *encarnação*. O espírito tem muitas existências na carne, no mundo físico, quantas forem necessárias para seu aprendizado; daí se falar então em *reencarnação*. Ao voltar ao plano físico, o espírito molda, de uma forma 'automática' e inconsciente, a formação de seu corpo, no ventre materno, nasce e vive sua vida. Quando o corpo cessa suas atividades biológicas (morre), o espírito (e seu perispírito) *desencarna*, ou seja, volta ao plano espiritual, seu verdadeiro lugar. Após um tempo, que varia de acordo com cada caso, o espírito pode voltar, moldando novamente a formação de um outro corpo, a viver no plano físico e desencarnar. E assim sucessivamente, enquanto for necessário, repetindo etapas, para seu aprendizado, principalmente moral. A figura 10.1 traz um esquema dessas 'idas e vindas'.

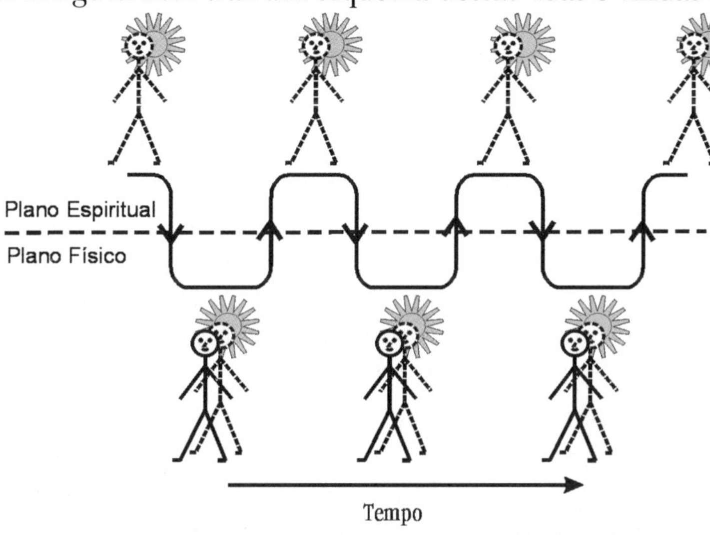

Figura 10.1 – Reencarnação. O espírito, que se encontra inicialmente no plano espiritual, preside a formação de seu corpo físico, nascendo e passando a viver no plano físico (encarnação). Quando seu corpo morre, o espírito (e perispírito) volta novamente ao plano espiritual. Após algum tempo, torna a encarnar em novo corpo, nova vida etc., quantas vezes for necessário.

O conhecimento dessas 'idas e vindas' é tão antigo como o da comunicação com os mortos. Entretanto, nem sempre essas idéias foram claras e precisas; por exemplo, confundia-se reencarnação com ressurreição. Somente com o surgimento da ciência espírita, em meados do século 19, o fenômeno foi compreendido. A reencarnação foi inicialmente afirmada por via mediúnica, depois discutida por meio da argumentação filosófica, mais à frente, testada cientificamente.

A argumentação filosófica baseia-se na justiça divina: se Deus é infinitamente justo e bom, por que observamos tanta desgraça neste mundo? Será que Ele é sádico assim, a ponto de nos criar para o sofrimento? Se pensarmos agora que o espírito 'vem e vai' com a finalidade de aprender, aí então se compreende o porquê da infelicidade humana: os espíritos estão ainda aprendendo. Os 'alunos' recalcitrantes ficam de recuperação ou repetem de ano e isto quase sempre se traduz em sofrimento. A nossa evolução é regida por uma lei chamada de causa e efeito (ver abaixo) e estas dificuldades que o espírito experimenta são devidas a ela.

Os testes científicos sobre a reencarnação baseiam-se na lembrança de vidas passadas que às vezes se pode ter. Estas recordações podem ser espontâneas ou induzidas. As espontâneas geralmente ocorrem com crianças antes dos sete anos e estas recordações muitas vezes podem ser confirmadas. O resultados destas confirmações constituem fortes evidências da reencarnação. As recordações induzidas (veja capítulo 5) também têm permitido estudos de vidas passadas; os resultados são muito interessantes e, diferentemente do que se poderia pensar, estão longe de mostrarem coisas fantásticas; mostram apenas o trivial da história da humanidade (ver observação 10.2).

Este caminhar evolutivo das sucessivas vidas é regulado por uma lei chamada *de ação e reação* ou *de causa e efeito*. Esta lei diz que todos os nossos atos geram conseqüências, efeitos, em nós mesmos, do mesmo tipo das causas. Se praticarmos atos maus, os efeitos serão maus. Se praticarmos atos bons, os efeitos serão bons. No início de nosso desenvolvimento hominal, devido às nossas imperfeições, a lei toma a forma da pena de talião ou lei do carma. Isto significa que os atos que praticamos se refletirão em nós da mesma forma ("olho por olho, dente por dente"). À medida que nos desenvolvemos moralmente, os atos poderão se refletir de forma diferente, principalmente os atos maléficos, que serão atenuados. Em outras palavras, à medida que aprendermos a amar os nossos semelhantes, praticando a caridade, nossas dificuldades decorrentes de erros que cometemos no passado serão bem menores. Como já se disse: "O amor cobre a multidão dos pecados" (I Pedro 4,8), "Podemos trocar as lágrimas pelo suor" (André Luiz).

Onde se encontra esta lei? Onde os atos praticados em vidas passadas ficam gravados? Em nossa consciência. (Vide observação 10.3.)

O progresso moral do espírito reflete-se no perispírito. Se este é a condensação do fluido cósmico universal em torno de um foco de inteligência (Allan Kardec, *A gênese*, capítulo XIV, § 7), a mudança neste foco trará, portanto, mudança naquilo que se condensa. Pode-se então afirmar que a evolução do perispírito acompanha a evolução do espírito.

O corpo físico está sujeito a duas diretivas: o perispírito e as leis da matéria física. É difícil precisar o que é efeito de um ou de outro, porém a evolução do corpo físico é comandada pela ação do espírito, por meio do perispírito, pois é este último que seleciona os 'materiais de construção' do corpo. Pode-se dizer, sem muito exagero, que, na formação de nosso corpo, *as leis biológicas atuam no sentido de sermos todos iguais e a ação do perispírito, no de sermos diferentes*.

A evolução biológica acaba sendo então decorrente dos elementos fluídicos sobre a matéria física, a qual por sua vez atua também na matéria física do planeta, moldando-a em função da vida.

Previsões do futuro

Kardec, em *A gênese*, nos apresenta, na forma de uma analogia, a teoria da presciência. De forma resumida, a analogia considera um homem colocado no cume da montanha, a observar toda a planície, e um viajor que por ela caminha. O homem sobre a montanha pode descortinar todos os detalhes da planície: seu relevo, caminhos, rios, habitações etc., e o viajor mal consegue ver à sua frente algumas centenas de metros. Imaginemos que o caminho que este último percorre tem uma ponte caída, impedindo a travessia do rio. O que está sobre a montanha envia uma mensagem ao da planície dizendo-lhe para não ir por aquele caminho, mas por outro, onde poderá cruzar o rio sem problemas. Qual a atitude do viajante? Coloquemo-nos em sua posição e certamente nos perguntaremos: "Aquele que nos avisa sabe de nosso futuro?" Para o viajante o tempo é o fio de linha, porém o que está na montanha pode ver a trama do tecido.

Os principais aspectos de nossa vida são planejados antes de nos reencarnarmos. A espiritualidade superior é como o homem sobre a montanha, capaz de ver a trama. Nós aqui somos viajores na planície, com nosso carretelzinho de linha. Quando, por uma circunstância qualquer ficamos sabendo de nosso planejamento, temos a impressão de que o nosso *futuro* está sendo revelado. Na verdade não foi o futuro, mas o *passado*, o planejamento feito antes de nascermos. Assim também em relação a coletividades. A espiritualidade maior simplesmente tem mais conhecimento do que imaginamos e o que é revelado, como sempre, é o planejamento. Evidentemente os planos podem ser modificados à medida das necessidades, principalmente decorrentes de imprevistos de nosso livre-arbítrio. Entretanto estas modificações, em termos de uma linha, poderão ser grandes, porém, em termos de tecido, são pequenas.

EXERCÍCIOS

10.1 – Leia e comente um trecho do livro *Evolução em dois mundos* (Francisco Cândido Xavier e André Luiz [espírito], Rio de Janeiro: edição FEB).

10.2 – Leia e comente um trecho dos Cap. IV ao XII, de *A gênese*, de Allan Kardec, Rio de janeiro: edição FEB.

10.3 – Leia o conto "O Merecimento", no livro *A vida escreve* (Francisco Cândido Xavier, Waldo Vieira e Hilário Silva [espírito], Rio de Janeiro: edição FEB) e, com base no mesmo, explique o funcionamento da lei de ação e reação.

♀ OBSERVAÇÃO 10.1

A Evolução Biológica

As idéias sobre evolução são muito antigas. Na velha Grécia o conceito de evolução já era discutido pelos filósofos, juntamente com as idéias de mutabilidade e imutabilidade do mundo. A mutabilidade do mundo estava associada, de um lado, às idéias de progresso e, de outro, à de decadência. No final do século 18 e início do 19 estas idéias começaram a tomar corpo na história natural (geologia, biologia). Em 1830, J. Lyell publica seus *Princípios de geologia*, em que os conceitos de evolução da crosta terrestre estão presentes. Em 1857, C. Darwin e A. R. Wallace, independentemente, apresentam a *teoria da seleção natural* para explicar a evolução biológica. Com novas descobertas e, principalmente, com o desenvolvimento da genética, a teoria da seleção natural, que enfatiza a sobrevivência e a seleção das espécies mais adaptadas, foi sendo modificada e aperfeiçoada. Atualmente, há também outras teorias que complementam a seleção natural, como a *teoria simbiótica*, que enfatiza os aspectos cooperativos entre espécies diferentes.

Entretanto muitos biologistas advogam um ponto de vista materialista, afirmando que a evolução ocorre devido ao acaso e à necessidade. Outros, entretanto, advogam um planejamento (sem explicitarem quem seja o planejador), pois somente assim seria possível explicar muitos fatos da evolução dos seres vivos. Essa idéia do planejamento, dentro da visão espírita, está exposta por André Luiz em *Evolução em dois mundos*.

Para o leitor interessado, sugerimos as obras abaixo:

Hebe L. de Souza, *Darwin e Kardec – um diálogo possível*. Campinas: edição C. E. Allan Kardec, 2002.

Michel Behe, *A caixa preta de Darwin*, trad. R. Jungmann. Rio de Janeiro: Jorge Zahar Editor, 1997.

Lynn Margulis, *O planeta simbiótico*, trad. Laura Neves. Rio, de Janeiro: Rocco, 2001.

Aécio P. Chagas, "Ainda sobre as relações entre as ciências

e o espiritismo", *Reformador, Parte I*, abril/1999, p. 124, *Parte II*, maio/1999, p. 156. Rio de Janeiro: Federação Espírita Brasileira.

♀ OBSERVAÇÃO 10.2

Estudos Sobre a Reencarnação

Os estudos sobre reencarnação baseiam-se nas recordações que se têm das vidas passadas (espontâneas ou induzidas) e que podem ser passíveis de verificação. É como um inquérito policial: uma afirmação é feita e tem que ser provada com documentos ou testemunhas válidas. Há estudos feitos com crianças de até sete anos de idade que se recordam da existência anterior, sendo então, quando possível, verificadas as suas afirmações. Nestes casos as recordações devem ser nítidas, a fim de possibilitarem pistas à investigação. Como nestes casos, entre a existência anterior e a atual, há geralmente um tempo curto (alguns anos), é possível constatar então a veracidade das informações. Um livro que estuda diversos destes casos é *Reencarnação no Brasil*, de Hernani Guimarães Andrade (Matão: O Clarim).

Um outro tipo de estudo, mais difícil de ser realizado, são recordações de pessoas adultas relacionadas com vidas passadas há muito tempo (mais de século). Neste caso, somente quando a vida passada foi de pessoa famosa e que portanto deixou documentação a seu respeito em museus, bibliotecas etc., é possível realizar o estudo. Um exemplo deste caso está no livro *Eu sou Camille Desmoulins*, de Hermínio C. Miranda e Luciano dos Anjos (Niterói: Publicações Lachâtre). Nesta obra há também um caso interessante: comparação da caligrafia do mesmo espírito em duas existências.

Outra forma de estudar a reencarnação está exemplificada no trabalho de Helen Wanbach, publicado nos livros *Estudando vidas passadas* (São Paulo: Editora Pensamento) e *Vida antes da vida* (Rio de Janeiro: Livraria Freitas Bastos). As pessoas são induzidas por hipnose a se recordarem de suas vidas passadas, observarem determinadas situações (quase sempre triviais) e relatarem-nas após acordarem do transe. Se estas recordações fossem criações do subconsciente, seria de se esperar resultados fantasiosos, porém o que se encontra, após uma tabulação estatística, não é nada de extraordinário, é aquilo que mostram os livros de história: metade das existências foram do sexo masculino e a outra metade do feminino, cerca de 70% das existências foram em classe social inferior, 25% em classe média e menos de 10% em classe superior etc.

É bom frisar que, do ponto de vista lógico, a terapia de vidas passadas (TVP), já mencionada no capítulo 5, não é uma evidência da reencarnação, mas baseia-se, fundamenta-se nela.

♀ OBSERVAÇÃO 10.3

As Leis Morais

> 621 – Onde está escrita a lei de Deus?
> – *Na consciência.*
>
> (*O livro dos espíritos*, Allan Kardec)

Em todos os tempos e em todos os povos, houve sempre mensageiros do Alto que trouxeram aos homens ensinamentos de ordem moral que podem ser resumidos em *Amar a Deus e ao próximo como a ti mesmo*. Vieram lembrar à humanidade aquilo que está gravado na consciência de cada um.

Se, como disseram os espíritos a Kardec ao responderem a questão 621, a lei de Deus está escrita na consciência, por que a necessidade dos mensageiros do Cristo de nos ensiná-las ou lembrá-las? Como se processa isto de "estar escrito" em nossas consciências?

São perguntas difíceis de responder, mas, com a ajuda de analogias, comparações, é possível se entender alguma coisa. É o que vamos tentar fazer.

Existem máquinas, dispositivos, que transformam alguma forma de energia em outra, como os motores elétricos, geradores, máquinas a vapor, motores de combustão interna, pilhas elétricas, turbinas etc. Desde o rudimentar monjolo até a sofisticada bateria solar de semicondutores, todos estes dispositivos obedecem a um conjunto de princípios, de regras, que são chamadas *leis da termodinâmica*. Geralmente quem projeta e constrói uma dessas máquinas já leva em conta estas leis. As leis da termodinâmica só se tornaram conhecidas aos homens na metade do século 19, porém, antes disto, as máquinas construídas não obedeciam a estas leis? É claro que sim. Então como é isto? Os homens sem saber seguiam estas regras? De um certo modo, sim, pois estas leis estão gravadas, impressas na própria matéria. Qualquer máquina construída traz conseqüentemente, em sua essência, estas leis, mesmo contra o desconhecimento ou a vontade de seu projetista ou construtor, a não ser que sua máquina não seja feita de matéria!

Por outro lado, depois que estas leis se tornaram conhecidas, o aperfeiçoamento das máquinas já existentes tornou-se mais fácil, mais bem direcionado. Procura-se agora, então, fazer com que a máquina dê o melhor de si dentro de suas possibilidades, o que nem sempre seria possível sem o conhecimento das leis. Houve (e ainda há) também pessoas que desejaram burlar estas leis, ou seja, construir máquinas capazes de funcionar indefinidamente sem consumir energia ou sem desprender calor, o chamado *moto-contínuo*, mas até hoje nunca tiveram sucesso.

Então, as leis morais estão 'gravadas' em nós, como as leis da termodinâmica estão 'gravadas' em toda matéria. Por mais que nosso livre-arbítrio deseje negar isto, sempre acabaremos por segui-las (isto vale nos dois casos). Se conhecemos as leis morais, como ficamos conhecendo as leis da termodinâmica, torna-se muito fácil segui-las e darmos o melhor de nós.

Mais uma analogia: Isaac Asimov, famoso escritor norte-americano no gênero da ficção científica, em muitos de seus contos e romances, em que os robôs têm papel de destaque, nos fala das "leis da robótica", ou seja, das leis a que todos os robôs devem estar sujeitos, a saber: 1ª lei, nenhum robô deve fazer mal a um ser humano ou permitir que isto ocorra; 2ª lei, o robô deve sempre obedecer a um ser humano, desde que isto não inflija a 1ª lei; 3ª lei, o robô deve sempre se autopreservar, desde que isto não inflija a 1ª e a 2ª leis. Estas leis estariam 'gravadas' nos circuitos eletrônicos do próprio robô. Em um conto com que Asimov nos brinda, alguns robôs, construídos com certos propósitos muito específicos, têm em seus circuitos uma pequeníssima diferença com relação às leis citadas. Um desses robôs se torna, como conseqüência disto, 'neurótico' e toda trama se desenrola, centrada principalmente em uma psicóloga de robôs e no robô 'desajustado'.

Não sei qual seria precisamente o pensamento de Asimov. Parece-me, daquilo que li, ter ele convicções materialistas, mas estes conceitos, essas suas idéias são muito interessantes para ilustrar o que são as leis morais que temos 'gravadas' na nossa consciência e as conseqüências de seu esquecimento e desobediência.

(Chagas, Aécio Pereira, *Boletim do caminho*, publicação do Grupo Espírita Casa do Caminho, outubro de 2000.)

Capítulo 11

CONCLUSÃO

Provas

O leitor pode ter estranhado que não foi apresentada nenhuma 'prova' da realidade espiritual, porém inicialmente é necessário discutir um pouco o que se entende por prova antes de se entrar propriamente no assunto.

Usualmente o termo *prova* designa o que atesta a veracidade de alguma afirmação, de alguma coisa. É fazer corresponder o que se quer atestar, a veracidade, com algo que não se contesta, que é aceito sem sombra de dúvida. Este seria um *primeiro significado*. Um *segundo significado* seria como o que ocorre em matemática: provar um teorema significa apresentar um raciocínio, um cálculo que mostre que o enunciado está de acordo com outros princípios mais gerais e já aceitos como verdadeiros. Assim, na geometria clássica, provar o teorema de Pitágoras é demonstrar que este está de acordo com os postulados de Euclides. Isto é como dar as coordenadas de alguma coisa que está inserida em um conjunto maior. Se esta alguma coisa está fora do conjunto, não é evidentemente possível dar as coordenadas.

Antes de adentrar na questão espírita, vamos ainda considerar dois importantes temas das ciências da matéria – a conservação da energia e a teoria molecular – e fazer algumas considerações e analogias com a doutrina espírita.

Uma das leis mais importantes da física é a lei da conservação da energia. Como se pode provar que ela é verdadeira? Podem-se apresentar provas do primeiro significado, como experimentos isolados em que se verifica que a energia se conserva. Entretanto, alguém pode sempre questionar dizendo: "Neste experimento, a energia se conservou, mas se mudarmos a condição *x*, será que ela vai se conservar?"... e assim se farão experimentos até a exaustão, sempre se verificando a conservação da energia, e este alguém poderá mostrar sua insatisfação. Poder-se-ia, neste caso, apresentar uma prova do segundo significado? Certamente que não, pois esta lei é uma das mais gerais e fundamentais da física. Seria ir na contramão da lógica; é como querer 'provar' que os postulados de Euclides seguem o teorema de Pitágoras. Por outro lado, pode-se provar, por meio de um único experimento onde a energia *não* se conserva, que esta lei seria falsa, o que até hoje ninguém fez (que pode ser chamada de *prova negativa*). E tentativas para isso não faltaram. E então...?

A veracidade da lei da conservação da energia pode ser assegurada por estes dois caminhos (provas do primeiro significado e a prova negativa). Nenhum deles é totalmente satisfatório, porém o conjunto todo é satisfatório (ver observação 11.1). Em outras palavras, não existe '*a prova*'.

Átomos e moléculas existem? Você já os viu ou os tocou? Como provar que eles existem?

Não se pode também provar que eles existem, porém há uma montanha de fatos que só podem ser explicados por meio da existência de átomos e moléculas, ou seja, da teoria molecular. Esta montanha, que está sempre crescendo, é que é 'a prova'. Se considerarmos a hipótese de a matéria ser contínua, podemos explicar uma parte desta montanha de fatos, não a sua totalidade (na realidade, algumas pedras da montanha). E é isto que valida a hipótese da existência de átomos e moléculas. Um outro ponto interessante a se considerar é que a própria teoria molecular é que faz a montanha de fatos crescer, sugerindo caminhos que levam a novos fatos.

Mas... e as fotos de moléculas que hoje são obtidas por meio desses potentes microscópios? Não são provas? Inicialmente diria que não, por razões históricas. Só foi possível idealizar, projetar e construir estes microscópios sabendo-se que existiam átomos e moléculas, ou seja, baseando-se na teoria molecular. A 'prova' está no fato de o instrumento funcionar, permitindo obter estas fotografias (como já se disse: "Os instrumentos são teorias congeladas").

Da mesma forma que, na conservação da energia, não existe '*a prova*', a não ser que se considere a montanha.

O mesmo acontece com a realidade espiritual. Tudo que foi dito para a conservação da energia e para os átomos e moléculas vale também para o espírito.

Vimos uma grande quantidade de fatos, fenômenos relativos ao ser humano (animismo, mediunidade etc.), que são explicados por meio dos princípios expostos no capítulo 1, ou seja, existência, comunicação, reencarnação e evolução do espírito, o perispírito e suas propriedades, a lei de afinidade, os fluidos e suas propriedades etc. (teoria espírita). Pode-se, com outras teorias, explicar alguns desses fenômenos, não porém a totalidade, o que é possível somente com a teoria espírita.

Há ainda a considerar uma outra face da moeda. Aqueles que aceitam que o espírito existe como uma realidade independente da matéria são chamados *espiritualistas*. Os que são contrários, que não aceitam o espírito como uma realidade independente da matéria, são chamados *materialistas*. Conseqüentemente todas as religiões são espiritualistas. Sem sombra de dúvida a maior parte da humanidade é espiritualista. Neste caso, o ônus da prova cabe aos materialistas, que são minoria. *Eles é que têm que provar que o espírito NÃO existe.*

Como fazer isto? Isto é lá com eles...

Allan Kardec por várias vezes mencionou que o espiritismo e a ciência caminhariam lado a lado em sua marcha evolutiva. Aparentemente isto não tem acontecido pelo fato de a maioria dos cientistas serem materialistas e se olhar apenas para as ciências da matéria. Quando se olha para as ciências humanas, o nevoeiro é maior, porém, com o auxílio de instrumentos, pode-se voar e aterrissar com segurança. Um caso que pode ser citado como exemplo insere-se no debate entre os estudiosos das línguas humanas (lingüistas, psicólogos e outros): alguns afirmam que as crianças devem ter experiências concretas para aprenderem a falar com os adultos, outros alegam que elas já nascem sabendo falar, esperando apenas o desenvolvimento dos órgãos para se expressar. A balança tem recentemente pendido para o lado destes últimos, graças a um trabalho feito por psicólogos americanos com crianças surdo-mudas chinesas e americanas, ou seja, crianças de contextos culturais diferentes. Estes pesquisadores constataram que a linguagem de gestos dos dois grupos de crianças era a mesma, o que não acontecia com as mães, que eram audientes e falantes. Isto evidencia que a língua é uma característica inata, ou seja, uma característica do espírito que já a traz quando reencarna. Para um vôo panorâmico sobre a questão, veja o artigo "Ainda as relações entre as ciências e o espiritismo", Aécio Pereira Chagas, *Reformador*, abril 1999, p. 124 e maio 1999, p. 156.

A propósito ainda desta questão, vamos dar a palavra a Kardec:

> As ciências vulgares repousam sobre as propriedades da matéria, que se pode, à vontade, manipular; os fenômenos que ela produz têm por agentes forças materiais.
>
> Os do espiritismo têm, como agentes, inteligências que têm independência, livre-arbítrio e não estão sujeitas aos nossos caprichos; por isso eles escapam aos nossos processos de laboratório e aos nossos cálculos, e, desde então, ficam fora dos domínios da ciência propriamente dita.
>
> A ciência enganou-se quando quis experimentar os Espíritos, como experimenta a pilha voltaica; foi mal-sucedida como devia sê-lo, porque agiu visando uma analogia que não existe; e depois, sem ir mais longe, concluiu pela negação, juízo temerário que o tempo se encarregou de ir emendando diariamente, como já tem emendado outros; e àqueles que o preferiram, restará a vergonha do erro de se haverem levianamente pronunciado contra o poder infinito do Criador.
>
> As corporações sábias não podem nem jamais poderão pronunciar-se nesta questão; ela está fora dos limites de seu domínio como a de decretar se Deus existe ou não; é, pois, um erro fazê-las juiz dela. (Allan Kardec, *O que é o espiritismo,* Cap. I, "Segundo diálogo – O céptico, Oposição da ciência", p. 77, 28ª ed., Rio de Janeiro: edição FEB).

Efeitos físicos e intelectuais

Os efeitos físicos, como já foi mencionado no capítulo 8, são os fenômenos mais contundentes para se provar a realidade espiritual e, ao mesmo tempo, os mais fáceis de falsear. Os efeitos intelectuais, apesar de parecerem subjetivos, são as provas mais marcantes e perenes de que a vida não cessa com a morte do corpo. Como considerar que um livro como o *Parnaso de além-túmulo* possa ser um truque de prestidigitação? (Ver cap. 11.1). Utilizando dois termos da língua inglesa, atualmente muito em moda, os efeitos físicos constituem a fenomenologia *hard* e os intelectuais, a *soft*.

Um resumo

Os efeitos que acontecem com as pessoas, decorrentes do afastamento do perispírito em relação ao corpo físico, vistos neste livro, podem ser resumidos no quadro apresentado na figura 11.1. Em poucas palavras, com o afastamento do perispírito, este pode ter acesso à memória profunda, ter percepções do plano espiritual ou entrar em relações com outras individualidades (encarnadas ou desencarnadas). Neste último caso, tem-se então o fenômeno da mediunidade, que pode apresentar efeitos físicos ou intelectuais.

Outros fenômenos que foram tratados, relacionados com os anteriores, referem-se ao 'manuseio' de fluidos, destinados principalmente a processos de cura (fluidoterapia).

A evolução é uma lei geral da natureza. Tudo se transforma. Além da natureza material, evoluem também os espíritos (e perispíritos). A evolução dos espíritos se dá na direção (pelo menos no estágio em que nos encontramos) do crescimento intelectual e moral. O primeiro é de um modo geral mais rápido que o moral. Com esta finalidade de crescer, o espírito encarna-se, ou seja, nasce e vive no plano físico, voltando ao plano espiritual com a morte física. Faz isto quantas vezes for necessário para seu aprendizado, daí falar-se em reencarnação. Uma lei importante que regula este processo é a *de causa e efeito* ou *de ação e reação*.

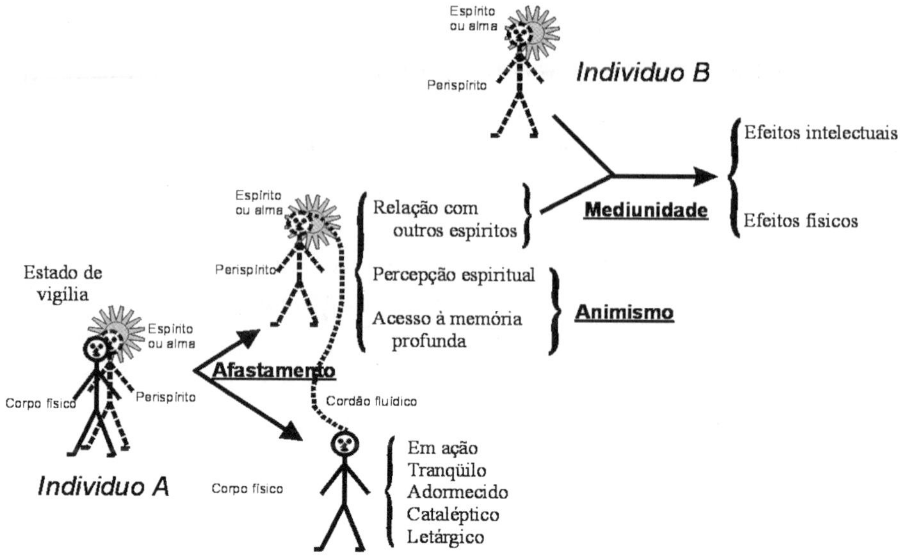

Figura 11.1 – Quadro-resumo dos efeitos que podem ocorrer quando o perispírito de 'A' afasta-se de seu corpo físico. O indivíduo 'B' pode estar encarnado ou desencarnado.

Ainda há problemas

Muitas pessoas gostariam de que as ciências pudessem explicar tudo. Há outros que não pensam assim, preferindo que haja problemas (e muitos). Entre estes últimos estão os cientistas. Falamos no prólogo deste livro em "ciência diurna" e "ciência noturna". É isto, a diurna explica tudo e a noturna é cheia de problemas. Pensemos em "termos noturnos": há ainda muito a ser estudado em relação à fenomenologia anímica e mediúnica.

Apesar do sucesso da teoria espírita em dar conta desta enormidade de fenômenos relativos ao ser humano, além de resolver velhos problemas filosóficos, há ainda muito a pesquisar. Aos leitores que se iniciam no espiritismo, oportunidades de estudo não faltarão, como não faltam aos que já se iniciaram. Há muito ainda para se conhecer sobre os fluidos e suas propriedades, sobre o funcionamento da lei de causa e efeito, sobre os processos mediúnicos em geral e aqueles que envolvem aparelhos eletrônicos (transcomunicação instrumental), isto sem falar das conseqüências filosóficas, religiosas e morais da ciência espírita.

Ainda mais, mencionamos a convergência entre as ciências humanas e o espiritismo. Mostrar esta convergência é uma tarefa que está para ser realizada, pois, como acima dissemos: é preciso navegar com instrumentos dentro da névoa. E, mais ainda, é preciso levar a este campo a teoria espírita.

OBSERVAÇÃO 11.1

Energia e Teoria da Relatividade

Até o início do século 20, a lei de conservação da energia e a lei de conservação da massa, ambas tidas como fundamentais para as ciências da matéria (física e química), eram tratadas separadamente. Nesta mesma época surgiu uma nova teoria física, que ficou conhecida por teoria da relatividade, desenvolvida por Albert Einstein. Esta teoria trazia, em seu bojo, uma reformulação do conceito de conservação da energia e da massa, ou seja, o que se conserva é a massa e a energia consideradas simultaneamente, uma vez que ambas estão relacionadas pela célebre equação $E = m\,c^2$ (E = energia, m = massa e c = velocidade da luz). Em determinados fenômenos, como as transformações nucleares, este novo conceito de conservação é importante, porém, na maior parte das transformações que envolvem quantidades de energia pequenas, as duas leis separadas é que são utilizadas, por assim ser mais prático. As considerações feitas neste texto a respeito da validade da lei de conservação da energia vale também para a lei de conservação da massa e para a lei de conservação da massa-energia.

Apêndice 1

O CONCEITO DE RELIGIÃO

A doutrina espírita apresenta-se em um tríplice aspecto: ciência, filosofia e religião. Pode-se dizer que inicialmente é uma ciência que estuda alguns aspectos dos seres humanos (encarnados e desencarnados), chegando depois a conclusões filosóficas (inclusive mais amplas) e, destas, a conclusões religiosas e morais. Entretanto muitos equívocos têm surgido quanto a este último aspecto e por isto vamos tentar esclarecê-lo melhor.

Examinemos os vários sentidos da palavra religião. Vamos inicialmente aos dicionários.

No *Dicionário* do Aurélio [1], o verbete *religião* tem nove significados. Os dois primeiros, que acreditamos serem os mais importantes para nossas considerações, são os seguintes:

"Crença na existência de uma força ou forças sobrenaturais, considerada(s) como criadora(s) do Universo, e que como tal deve(m) ser adorada(s) e obedecida(s)."

"A manifestação de tal crença por meio de doutrina e ritual próprios, que envolvem, em geral, preceitos éticos."

No *Dicionário* do Houaiss [2], encontramos também nove significados e destacamos dois:

"Culto prestado a uma divindade; crença na existência de um ente supremo como causa, fim ou lei universal."

"Conjunto de dogmas e práticas próprias de uma confissão religiosa."

Pode-se perceber que, em ambos os casos, tem-se um aspecto de crença em um Criador, de um lado, e, de outro, uma prática social (rituais). Em outras palavras, há um aspecto que podemos chamar de *interno* à pessoa e um outro, *externo* à pessoa.

O aspecto interno é o que a doutrina espírita considera mais importante e envolve a crença íntima em um Criador.

O aspecto externo, menos importante para o espiritismo, consiste nos rituais, nas manifestações públicas, nas liturgias e outros aspectos associados, como um sacerdócio organizado, templos etc. Grande parte das pessoas considera mais importante este aspecto ou não é capaz de dissociá-lo do interno, tratando-os como uma coisa só.

O espiritismo é uma religião apenas no que se refere ao aspecto *interno*. Ele *não tem o aspecto externo*. Por isso muitas pessoas não compreendem o espiritismo ou não o consideram como religião, pois, como foi mencionado acima, ou só vêem o aspecto externo ou não são capazes de dissociar os dois aspectos.

Esta postura não foi introduzida pelo espiritismo, como pensam alguns. Ela já está prescrita nos evangelhos. Jesus não condena os rituais e obrigações do judaísmo, mas a hipocrisia com que muitas vezes eram feitos. No sermão da montanha (Mateus, caps. 5 a 7, em particular cap. 6, vers. 1 a 18), o Mestre menciona sempre que o importante é o que se passa em nossos corações, em nosso íntimo, e não nas práticas preconizadas pelos sacerdotes.

Entretanto, é necessário frisar que o aspecto interno não envolve apenas uma crença, envolve também uma prática, uma prática diária coerente com a crença, que não são os rituais. Se cremos em alguma coisa, nosso comportamento deve ser coerente com esta crença. Se cremos em um Criador Supremo todo justiça e bondade, devemos viver de acordo com isto. E quem melhor explicou e viveu esta relação entre um Deus-Pai onipotente, justo e bom foi Jesus. Se cremos nos ensinamentos de Jesus, então, em nossa prática diária, devemos nos esforçar para segui-los.

Em *O evangelho segundo o espiritismo*, Allan Kardec menciona que a ciência e a religião convergem para um mesmo objetivo e não devem se contradizer. No entanto, para muitos, parece que a prática mostra o contrário. É que Kardec está concebendo a religião no sentido interno e a maior parte das pessoas vê apenas o lado externo.

A ciência tem alguns pressupostos, sem os quais ela não faz sentido. São chamados, por alguns, de "pressupostos metafísicos". Um desses pressupostos considera que o Universo é cognoscível e regido por leis. Um dos objetivos da ciência é justamente *conhecer estas leis*. Isto vai justamente ao encontro da concepção espírita de Deus, que está na primeira questão de *O livro dos espíritos*, de Allan Kardec:

> *P.*: Que é Deus?
>
> *R.*: Deus é a inteligência suprema, causa primária de todas as coisas. [3]

Em *O evangelho segundo o espiritismo*, Kardec escreve (edição FEB):

> A ciência e a religião são as duas alavancas da inteligência humana: uma revela as leis do mundo material e a outra as do mundo moral. *Tendo, no entanto, essas leis o mesmo princípio, que é Deus,* não podem contradizer-se. Se fossem a negação, uma da outra, uma necessariamente estaria em erro e a outra com a verdade, porquanto Deus não pode pretender a destruição de sua própria obra. A incompatibilidade que se julgou existir entre essas duas ordens de idéias provém apenas de uma observação defeituosa e de excesso de exclusivismo, de um lado e de outro. Daí um conflito que deu origem à incredulidade e à intolerância. (Destaque no original.) [4]

O 'conflito' entre ciência e religião, na realidade, é um conflito que existe dentro do coração das pessoas em aceitar, ou não, os preceitos éticos ensinados por Jesus e seus mensageiros, em todos os tempos e em todos os povos, conforme nos indica Emmanuel na referência [5]. Esta não-aceitação geralmente se traduz em muitas ideologias pouco consistentes (o materialismo em suas diversas formas), porém muito difundidas em nossas elites intelectuais.

Referências bibliográficas:

[1] Aurélio Buarque de Holanda Ferreira, *Novo Aurélio Século 21: o dicionário da língua portuguesa*, 3ª ed., Rio de Janeiro: Nova Fronteira, 1999.

[2] Antônio Houaiss e Mauro de Salles Villar, *Dicionário Houaiss da Língua Portuguesa*, Rio de Janeiro: Objetiva, 2001.

[3] Allan Kardec, *O evangelho segundo o espiritismo*, Rio de Janeiro: edição FEB.

[4] Allan Kardec, *O livro dos espíritos*, Rio de Janeiro: edição FEB.

[5] Francisco Cândido Xavier, *A caminho da luz*, Rio de Janeiro: edição FEB.

Apêndice 2

RESUMO HISTÓRICO DO ESPIRITISMO

Apesar de os fenômenos tratados neste livro serem conhecidos e utilizados pela humanidade desde que ela existe, o estudo científico dos mesmos surgiu no século 19 com a doutrina espírita.

O surgimento do espiritismo está associado a um fenômeno de amplitude mundial iniciado em 1848 nos Estados Unidos, conforme nos conta Doyle (no final deste apêndice há uma lista de obras sobre história do espiritismo). Na aldeia de Hydesville, no estado de Nova Iorque, havia uma casa de madeira com fama de ser mal-assombrada. Lá foi morar a família Fox, o casal e duas filhas de onze (Kate) e quatorze anos (Margareth), trabalhadores rurais. Eles tinham outros filhos que não moravam mais com eles. Assim que se mudaram, no final de 1847, começaram a acontecer batidas dentro de casa. Tentaram descobrir, inclusive com a ajuda dos vizinhos, de onde provinham as batidas e não encontraram o responsável. Elas prosseguiam e parecia que ocorriam dentro das paredes. Na noite de 31 de março de 1848, a família, exausta pelas noites mal dormidas, dispôs-se a deitar mais cedo quando começaram as pancadas. A certa altura, a filha mais nova, Kate, diz, batendo palmas, *"Sr. Fulano, faça o que eu faço."* E ouviu-se um número de batidas igual ao de palmadas. A outra filha, Margareth, continua a 'brincadeira' dizendo e batendo palmas *"Conte um, dois, três, quatro."* As pancadas se reproduziram como ela determinara. Kate então diz que as pancadas poderiam ser de alguém que quisesse fazer alguma brincadeira, pois *"amanhã é 1º de abril"*. A sra. Fox resolve então fazer um teste: pergunta a idade dos filhos e ouve as pancadas correspondentes. A seguir pergunta: *"É um ser humano que me responde tão corretamente?"* Não houve resposta. *"É um espírito? Se for dê duas batidas."* Duas batidas foram ouvidas. *"Se for um espírito assassinado dê duas batidas."* Mais duas batidas foram ouvidas. *"Foi assassinado nesta casa?"* Outras duas batidas. E assim se estabeleceu tal diálogo entre os dois planos. Chamaram os vizinhos e mais informações foram obtidas: O 'morto' chamava-se Charles B. Rosma, era um mascate e fora assassinado por um antigo morador para lhe roubar quinhentos dólares, tendo sido enterrado no porão. Tentou-se cavar no piso do porão, mas não foi possível, pois o buraco encheu-se de água. Acharam apenas um baú de metal, do tipo usado pelos mascates na época.

A notícia se espalhou e vieram pessoas de outras cidades para atestarem o acontecimento. Ao mesmo tempo se observou que a presença das meninas era necessária para a ocorrência do fenômeno. Assim também que, em outros lugares, a presença das meninas podia produzir efeitos semelhantes, revelando-se a presença de outros 'mortos'. Comissões foram organizadas para estudarem os fenômenos e sempre concluíam pela veracidade dos mesmos não se tratando de embuste. As pessoas passaram a se reunir para obter pancadas, fazer os objetos se mexerem, como as próprias mesas em torno da qual se reuniam, ou se comunicarem com os espíritos por meios mais eficientes: construiu-se um dispositivo formado por uma tábua com as letras do alfabeto dispostas em círculo (como em um mostrador de relógio) e um ponteiro colocado no meio deslocava-se indicando as letras, que eram anotadas, originando palavras e frases. Em Rochester (Nova Iorque), em fevereiro de 1850, obteve-se a mesma mensagem em salas diferentes, assinada por Benjamin Franklin: *"Haverá grandes mudanças no século dezenove. Coisas que atualmente parecem obscuras e misteriosas para vocês tonar-se-ão claras a seus olhos. Os mistérios vão ser revelados. O mundo será esclarecido."*

Este fato de Hydesville é considerado o início do *Modern spiritualism* devido ao fato de as irmãs Fox terem sido levadas aos tribunais para serem julgadas por embuste, quase linchadas por fanáticos e pelo fato de tudo isto ser documentado pela imprensa e pelos depoimentos dados, e registrados, perante as autoridades. Isto permitiu a reconstituição histórica do evento.

O movimento das "mesas girantes" espalhou-se pelo mundo. Primeiro na Inglaterra, depois no continente europeu e daí para os outros cantos. No Brasil sua presença é registrada pela imprensa em 1853. Pessoas de destaque nos meios culturais passaram a se interessar pelos fenômenos e a estudá-los. Em Paris não foi diferente, tornando-se uma coqueluche social. Várias hipóteses foram levantadas e estudadas. Um exemplo a ser citado é o trabalho do conde de Gasparin, *"Des tables tournantes, du surnaturel en general et des esprits"* (*Das mesas girantes, do sobrenatural em geral e dos espíritos*), em dois volumes de cerca de 500 páginas, publicado em 1854 (apenas seis anos depois dos eventos de Hydesville!).

Em Paris, o professor Hyppolite Léon Denizard Rivail, de início cético com relação às "mesas girantes", por insistência de amigos, acabou por assistir a uma reunião e se interessou pelo assunto. De início pensou que poderia explicar os fenômenos com as leis e princípios científicos então conhecidos. Viu que não era possível e descartou a possibilidade de fraude ou embuste, não apenas examinando o que se fazia, mas também pelas pessoas presentes: sérias, que não deixavam margem a brincadeira ou diversão, e que não obtinham nenhum proveito das reuniões, fazendo-as apenas por curiosidade. Conheceu outras pessoas semelhantes que também realizavam essas reuniões. Nesta altura já se recebiam mensagens de outra forma: amarrava-se um lápis em uma pequena cesta de vime colocada sobre uma folha de papel. As pessoas colocavam as mãos sobre a cesta, que se movimentava, escrevendo a mensagem sobre o papel. Rivail entrou em contacto com um outro grupo que recebia mensagens desta forma e lhe foi mostrado um caderno com as comunicações recebidas. Rivail admirou-se do conteúdo das respostas e pôs-se a estudá-lo, a fazer mais perguntas e a investigar mais a fundo os métodos.

Utilizou-se de um princípio fundamental nas ciências: *todo efeito tem uma causa*. Se as mesas giram, então deve haver uma causa. Se dão respostas inteligentes, então a causa há de ser também inteligente, pois um objeto deste tipo não tem inteligência. Quem então poderia, por meio de uma cesta de vime, fazer uma poesia? A resposta veio por intermédio das próprias comunicações: *"Somos aqueles que já viveram nesse mundo, aqueles a quem chamais de mortos, e agora voltam para despertá-los."*

Rivail questionou os espíritos, revisou as diversas respostas por meio de outros médiuns, analisou e organizou o material sob a forma de um livro, constituindo a 1ª edição de *O livro dos espíritos*, que veio a lume em 18 de abril de 1857. Como Rivail já era autor de diversas obras didáticas, utilizadas nas escolas francesas, e como o trabalho não era apenas seu, mas, principalmente, dos espíritos, adota o pseudônimo de Allan Kardec, que foi um nome que ele teve em uma encarnação na antiga Gália, como sacerdote druida.

Outras edições ampliadas de *O livros dos espíritos* se sucederam, assim também outras obras: *O livro dos médiuns, O evangelho segundo o espiritismo, O céu e o inferno, A gênese* e outras. Rivail fundou a Sociedade Parisiense de Estudos Espíritas e a *Revista Espírita*, que editou durante doze anos, até sua desencarnação. Logo surgiu na França um movimento espírita, o que fica patente no livro de Kardec *Viagem espírita de 1862*, relatando uma *tournée* que realizou em diversas cidades francesas, sendo recebido por dezenas e centenas de pessoas.

Em outros países da Europa a penetração já foi mais lenta, devido à barreira lingüística. Na Inglaterra, por onde as mesas girantes penetraram na Europa, houve a transmissão dos mesmos ensinamentos, porém de foram difusa e esparsa, não tendo havido um trabalho organizado, amplo e sistemático como o de Kardec.

O espiritismo surge no Brasil logo após seu aparecimento na Europa. É primeiro conhecido em grupos de intelectuais: pessoas que mantinham um contacto cultural com a Europa e que liam o francês. Aqui encontrou um terreno já preparado: o trabalho dos homeopatas e a familiaridade com os fenômenos mediúnicos. A primeira tradução de *O livro dos espíritos* surgiu em 1875 e a partir daí começa a se popularizar. A conversão de Bezerra de Menezes, médico, empresário e político muito querido no Rio de Janeiro, trouxe uma grande força ao movimento espírita brasileiro. A partir daí o movimento vai crescendo e se espalhando pelo país. Já no início do século 20 podem-se destacar três fatos importantes que retratam a situação:

Na cidade de São Paulo, Antônio Gonçalves da Silva, o Batuíra, fazia circular o periódico *Verdade e Luz*, que na época tinha uma tiragem de cerca de 15 mil exemplares !

Em Matão, interior de São Paulo, Cairbar Schutel inaugura em 1905, o periódico *O Clarim*, de grande penetração e que circula até os dias de hoje.

Em Sacramento, na região do Triângulo Mineiro, nessa mesma época, Eurípedes Barsanulfo, dotado de grandes qualidades morais e mediúnicas, fundava um centro espírita, onde tratava doentes mentais por meio de passes, fundava um colégio espírita (Colégio Alan Kardec), além de várias outras atividades assistenciais (vide observação 4.2).

A mediunidade de Francisco Cândido Xavier deu um grande impulso ao espiritismo. Em 1932 surge seu primeiro livro psicografado, o *Parnaso de além túmulo*, uma coletânea de poesias de autores brasileiros e portugueses (vide capítulo 1).

Com a proclamação da República o Brasil deixou de ter uma religião oficial (o catolicismo), porém não havia ainda uma garantia legal de liberdade religiosa, o que só ocorreu a partir da Constituição de 1946. Nesse período, o espiritismo sofreu perseguições e arbitrariedades. Em 1946 há uma reorganização do movimento espírita e, a partir dos anos sessenta, uma grande expansão, graças a uma detração ao espiritismo, formulada em uma revista de grande circulação na época, que gerou uma polêmica na mídia e provocou a curiosidade das pessoas (vide observação 8.2).

A partir da década de 60 há uma grande expansão do espiritismo em nosso país, motivada por vários fatores: a figura de Chico Xavier, a grande quantidade de livros espíritas, o trabalho assistencial, a presença da fenomenologia mediúnica em novelas de televisão, inclusive baseando-se em obras espíritas etc. Atualmente estima-se que cerca de 6 % da população brasileira seja espírita. Desde 1949, o movimento espírita está organizado em moldes federativos: a unidade básica é o centro, a sociedade espírita que, nos municípios, forma as uniões municipais, estas as estaduais (uniões ou federações) e estas últimas formam o Conselho Federativo Nacional, cujo órgão executivo é a Federação Espírita Brasileira, com sede em Brasília.

Nos Estados Unidos, e também na Europa, no começo do século 20, o movimento espírita já se mostrava decadente e uma das razões apontadas eram os médiuns profissionais. Suas ações, nem sempre honestas, acabaram por causar descrédito junto ao público, que, obviamente, os confundiu com o espiritismo. Na Europa, somando-se a isto, a Primeira Guerra Mundial veio trazer um grande abalo ao movimento espírita, como não poderia deixar de ser, pela desorganização da sociedade. Depois do conflito terminado, os espíritas passaram a ser perseguidos pelas ditaduras de direita e esquerda, que foram surgindo nos diversos países da Europa. Ao fim da Segunda Guerra Mundial, praticamente o movimento espírita fora do Brasil havia se apagado. A onda de ceticismo e materialismo do pós-guerra contribuiu bastante para protelar o seu ressurgimento. A partir dos anos oitenta é que o espiritismo volta a emergir na Europa com a ajuda dos brasileiros que foram para lá. Assim também em outros países do mundo, como o Japão e os Estados Unidos, a presença de brasileiros tem contribuído para a difusão da Doutrina. Na América Latina, além do Brasil, o espiritismo tem presença marcante em diversos países como a Argentina, a Venezuela e outros.

Algumas obras sobre a história do espiritismo:

Antônio de Souza Lucena. *Pioneiros de uma Nova Era*, Rio de Janeiro: Edições CELD (1997).

Arthur Conan Doyle, *História do espiritismo*, trad. Júlio Abreu Filho, São Paulo: Ed. Pensamento (s/ data).

Edson Audi, *Vida e Obra de Allan Kardec*, Niterói: Publicações Lachâtre Editora (1999).

Paulo Alves Godoy, *Grandes vultos do espiritismo*, São Paulo: Edições FEESP (1990).

Ubiratan Machado, *Os intelectuais e o espiritismo (De Castro Alves a Machado de Assis)*, Niterói: Publicações Lachâtre Editora (1996).

Zêus Wantuil, *As mesas girantes e o espiritismo*, Rio de Janeiro: edição FEB (1958).

Zêus Wantuil, *Grandes espíritas do Brasil*, Rio de Janeiro: edição FEB (1969).

EPÍLOGO

Dizem que o prólogo deve ser curto. Neste livro foi mais longo que deveria ser. Mas este epílogo será realmente breve.

Como foi de início mencionado, este livro é uma "Introdução". Detivemo-nos mais no que se pode chamar de "Teoria do Perispírito", que é também o cerne de *O livro dos médiuns*. Muito mais poderia ser aprofundado e outros temas poderiam ser discutidos, por exemplo a Lei de Causa e Efeito. Se este livro foi o primeiro contacto do leitor com a Doutrina Espírita, fica o convite para a leitura das obras de Kardec (*O livro dos espíritos, O livro dos médiuns, O evangelho segundo o espiritismo, O céu e o inferno* e *A gênese*) e, posteriormente André Luiz e outros clássicos. Não podemos nos esquecer que o espiritismo é uma doutrina com três aspectos: ciência, filosofia e religião. Ao longo deste livro procuramos mostrar que estes aspectos, apesar de poderem ser vistos separadamente, são indissociáveis. É como o banquinho de três pernas da Fig. E-1, *A trípode moderna*. O que acontece quando se tira uma das pernas?

Se o leitor já conhece a doutrina, fica o convite para o aprofundamento e expansão do tema aqui abordado. A crítica do leitor é também bem-vinda, o que para nós significa ter esta modesta obra algum mérito. De qualquer forma espero que outros, melhor preparados que nós, possam também fazer abordagens semelhantes, não apenas a este, mas a outros tópicos da Doutrina dos Espíritos.

Muito obrigado.

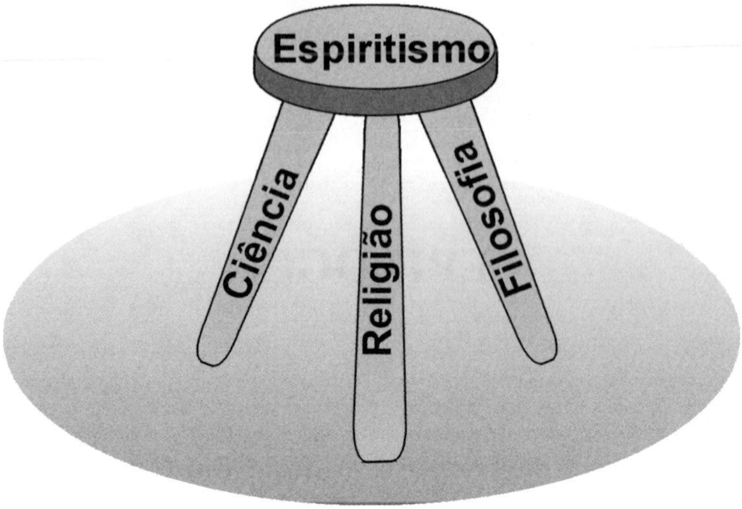

Figura E-1 – A trípode moderna.

O AUTOR

Aécio Pereira Chagas nasceu em Presidente Prudente (SP) em 1940. Graduado em química (USP), doutor em ciências (USP) e livre docente (UNICAMP), foi professor titular de físico-química no Instituto de Química da Unicamp até 1994, quando se aposentou, passando a professor voluntário. Orientou diversas teses de mestrado e doutorado. Possui dezenas de trabalhos publicados em revistas especializadas de circulação internacional. Autor de vários livros de química, é membro associado da Academia de Ciências do Estado de São Paulo e da Academia Brasileira de Ciências.

É espírita há mais de quarenta anos, tendo colaborado com artigos em diversos periódicos espíritas: *Reformador*, *Revista Internacional de Espiritismo*, *Alavanca* etc. Vem participando, há vários anos, da direção do Grupo Espírita Casa do Caminho e da Casa da Criança Meimei, ambas em Campinas (SP). Foi também diretor da USE Intermunicipal de Campinas.

Esta edição foi impressa em Agosto de 2013 pela Markpress Brasil Indústria Gráfica Ltda., São Paulo, SP, sendo tiradas duas mil cópias, todas em formato fechado 160x230mm e com mancha de 115x185mm. Os papéis utilizados foram o Off-set 75g/m² para o miolo e o Cartão Supremo Triplex 300g/m² para a capa. O texto foi composto em NewBaskerville 11,5/12,65, os títulos foram compostos NewBaskerville 36/43,2. A programação visual da capa foi elaborada por César França de Oliveira e o miolo diagramado por Fernando Luiz Fabris.